中国南方电网
CHINA SOUTHERN POWER GRID

南方电网公司
供应链风险管理体系手册

中国南方电网有限责任公司　组编

中国电力出版社
CHINA ELECTRIC POWER PRESS

内 容 提 要

　　本书系统性阐述了新发展形势下，企业加强供应链风险体系管理的实施路径和技术方法，并提供了模板及实施案例库，为实际运用提供借鉴和参考。

　　全书分为三篇，共十二章。第一篇供应链风险管理综述，共四章，分别为供应链风险管理体系概述、供应链风险管理体系要求、组织与人力资源、风险评估与管控。第二篇供应链各专业风险管理，共六章，分别为采购管理、供应商管理、质量控制与履约管理、仓储与物流管理、逆向物流管理、应急管理。第三篇供应链风险回顾机制，共两章，分别为供应链风险检查、供应链风险纠正与预防。

　　本书适用于企业供应链管理工作中各流程业务的管理人员，也可帮助企业内外部相关方了解企业供应链风险管理要求。

图书在版编目（CIP）数据

南方电网公司供应链风险管理体系手册 / 中国南方
电网有限责任公司组编. -- 北京：中国电力出版社，
2024. 11. -- ISBN 978-7-5198-9355-2

　　Ⅰ. F426.61-62

　　中国国家版本馆 CIP 数据核字第 20245CN150 号

出版发行：中国电力出版社
地　　址：北京市东城区北京站西街 19 号（邮政编码 100005）
网　　址：http://www.cepp.sgcc.com.cn
责任编辑：赵　杨（010-63412287）
责任校对：黄　蓓　朱丽芳
装帧设计：张俊霞
责任印制：石　雷

印　　刷：三河市航远印刷有限公司
版　　次：2024 年 11 月第一版
印　　次：2024 年 11 月北京第一次印刷
开　　本：710 毫米×1000 毫米　16 开本
印　　张：10.25
字　　数：144 千字
定　　价：60.00 元

编　委　会

前　言

当前，世界百年未有之大变局加速演进，国际环境错综复杂，全球产业链供应链正面临重塑，不稳定性、不确定性明显增加。产业链供应链作为现代经济发展和运行的重要基础，其韧性和安全水平直接关系到我国整体经济的稳定、繁荣和发展。党中央高度重视供应链在国家经济发展中的作用，党的二十大报告明确提出"着力提升产业链供应链韧性和安全水平"，党的二十届三中全会进一步提出"健全提升产业链供应链韧性和安全水平制度"，提高产业链供应链的韧性和安全水平日益成为企业的共识。

供应链风险管理是企业供应链管理的重要内容，也是提升供应链韧性和安全水平的重要保障。当前，各中央企业正按照国务院国资委要求，围绕"强内控、防风险、促合规"目标，逐步建设全面、全员、全过程、全体系的风险防控机制，切实提高重大风险防控能力。中国南方电网有限责任公司（简称南方电网公司）坚持问题导向、目标导向、结果导向，运用现代供应链及风险管理理论，结合企业供应链管理特点，创新提出建设供应链风险管理体系，建立以风险管理为导向、合规管理为底线、内控管理为手段的一体化防御体系，有效发挥风险管理"第一道防线"作用，持续提升供应链风险管控能力。

本书的编制旨在保障企业供应链正常运作的同时，降低供应链风险对企业造成的影响，通过构建高效的供应链风险管理体系，推动企业走好高质量发展之路。在梳理供应链全业务流程的基础上，依据《关于做好 2024 年中央企业内部控制体系建设与监督工作有关事项的通知》（国资厅监督〔2024〕

20 号）、ISO 31000：2018《风险管理指南》、ISO 28000：2022《安全和韧性 安全管理体系要求》，借鉴南方电网公司安全生产风险管理体系和资产全生命周期管理体系建设成熟经验，分析供应链全流程环节中可能存在的风险，并结合风险特性制订相应风险预防、管控措施，强化企业供应链内控管理，为各企业开展供应链风险管理提供一套行之有效的管理工具和方法，为供应链全流程防范业务风险、防范权力寻租行为提供重要参考。

本书强调企业要从战略高度来重视和加强对供应链风险的防范，通过卓有成效的系统风险管理，从战略层面对供应链进行体系设计及管理调整，全面覆盖采购管理、供应商管理、质量控制与履约管理、仓储与物流管理、逆向物流管理、应急管理、供应链风险检查、供应链风险纠正与预防等全链条管控，提升读者对供应链风险管理体系的整体认识和宏观理解，对供应链领域工作人员起到专业指导和业务参考作用。全书有效结合现代企业供应链风险管控中的经验和实践总结，充分汇集了企业安全生产风险管控体系的实践经验和创新成果，汲取国内外供应链风险管理的前沿技术和做法，内容贴近基层一线，形成适应企业发展需要的供应链风险评估方法及工具，很多案例来源于供应链运营的实践过程，对风险管控相关决策层及执行人员有很好的专业启示和决策借鉴作用。

本书在编写过程中，得到了彭新良、王书成、左文明、王术峰、高洁、陈志祥、张庆英等行业专家学者的倾心指导和鼎力支持，在此表示衷心感谢！鉴于编者水平和编写时间有限，书中疏漏不足之处在所难免，恳请广大读者批评指正。

编 者

2024 年 10 月

目　录

第一篇

供应链风险管理综述

第一章　供应链风险管理体系概述

第一节　适 用 范 围

本书适用于企业所需物资采购供应的全过程风险管理,涵盖了采购管理、供应商管理、质量控制与履约管理、仓储及物流管理、逆向物流管理、应急管理、供应链风险检查、供应链风险纠正与预防等供应链全领域。

工程及服务项目的采购管理、供应商管理亦适用本书。

本书适用于企业供应链管理工作中各流程业务的管理人员，也可帮助企业内外部相关方了解企业供应链风险管理要求。

第二节　引 用 标 准

一、参考文件

《关于加强中央企业内部控制体系建设与监督工作的实施意见》（国资发监督规〔2019〕101 号）

二、参考标准

下列文件中的内容通过书中的规范性引用而构成本书必不可少的条款。各引用文件最新版本（包括所有的修改单）适用于本书。

《中央企业全面风险管理指引》（国资发改革〔2006〕108 号）

《企业内部控制基本规范》（财会〔2008〕7号）

《中央企业合规管理办法》（国务院国有资产监督管理委员会令第42号）

GB/T 24353—2022/ISO 31000：2018　风险管理　指南

ISO 28000：2022　安全和韧性　安全管理体系要求

GB/T 38702—2020/ISO 28001：2007　供应链安全管理体系实施供应链安全、评估和计划的最佳实践要求和指南

ISO 28004：2007　供应链安全管理体系实施指南

GB/T 24420—2009　供应链风险管理指南

GB/T 27921—2023　风险管理风险评估技术

GB/T 23694—2013/ISO Guide73：2009　风险管理术语

第三节　术 语 和 定 义

一、危害

可能导致供应中断、行贿及贪污受贿、交付质量缺陷、交付时间不准时、环境破坏、网络瘫痪、数据泄密、人员伤害、资金财产损失、效能降低、款项支付不及时、货币利率变化等后果的条件或行为。

二、风险源

可能单独或共同引发风险的内外部要素，可以是有形的，也可是无形的，包括直接与间接等。

三、风险

不确定性对目标实现的影响，通常表现为某一特定危害发生的可能性和后果的组合。

四、供应链

生产及流通过程中，涉及将产品或服务提供给最终用户活动的上游与下游企业所形成的网链结构，即将产品从商家送到消费者手中整个链条。

五、供应链管理

使供应链运作达到最优化，以最小的成本，令供应链从采购开始，到满足最终客户的所有过程。有效的供应链管理可以帮助实现缩短现金周转时间、降低企业面临的风险、实现盈利增长、提供可预测收入四项目标。

六、供应链风险管理

识别、评估、控制和监测供应链中可能对企业运营造成负面影响的风险，并制订应对策略和措施，以保障企业的生产和经营稳定、安全和可持续。

七、风险评估

在风险事件发生之前或发生期间，对该事件给人们的生活、生命、财产等各个方面造成的影响和损失的可能性进行量化评估的工作。风险评估包括风险识别、风险分析、风险评价在内的各类风险管理活动。

八、风险识别

风险管理的首要工作和基础步骤，是指风险发生前，通过分析、归纳和整理各种信息资料，系统全面地认识风险事件并加以适当的归类，对风险的类型、产生原因、可能产生的后果做出定性估计、感性认识和经验判断。

九、风险分析

对识别出的风险发生可能性及造成后果，运用相关管理模型进行分析。

十、风险评价

在风险识别和估计的基础上，综合考虑风险发生的概率、损失幅度及其他因素，得出系统发生风险的可能性及其程度，并与公认的安全标准进行比较，确定企业的风险等级，由此决定是否需要采取控制措施，以及控制到什么程度。

十一、风险控制

风险管理者采取各种措施和方法，消灭或减少风险事件发生的各种可能性，或风险控制者减少风险事件发生时造成的损失。

十二、风险信息库

记录和管理风险的数据库，简称风险库，包括风险对象、风险识别、风险分析、风险评价、风险控制等风险管理活动和风险责任主体信息。

第四节　目 的 与 意 义

党的二十大报告明确提出"着力提升产业链供应链韧性和安全水平"，这是党中央从全局和战略的高度作出的重大决策部署。《质量强国建设纲要》强调，要提高产业质量竞争水平，要推动产业质量升级，加强产业链全面质量管理，着力提升关键环节、关键领域质量管控水平，要开展对标达标提升行动，以先进标准助推传统产业提质增效和新兴产业高起点发展。近年来，供应链成熟度、健康度逐渐被各类型企业予以重视。供应链管理，尤其是提升供应链韧性和安全水平成为现代企业管理的重要内容之一。建立健全供应链风险管理体系，加强供应链策划和技术管理，优化体系框架和业务管控策略，推动供应链业务标准化运作，提升供应链风险规范化管控和应急管理水平，日益成为企业的重要战略选择和管理基础。

供应链风险管理是消除、转移、控制、承担供应链各类风险、问题的重要管理措施与手段，对企业降低成本、提高效率、提升竞争力、节能降损、绿色环保、降损增效、防腐促廉、优化营商环境具有举足轻重的重要作用。供应链风险管理通常涉及供应链风险的识别、评估、处理和监控四个过程。由于许多供应链的复杂性，这些流程可能不足以确保为所有可能发生的情况做好准备。因此，供应链风险管理是一个不断改进、迭代提升的过程，与企业的生产经营发展齐头并进，协同发展。面对新变局、新挑战，各个企业要未雨绸缪，持续加大供应链风险管控力度，提升供应链韧性和安全水平，共同形成自主可控、稳定畅通、安全可靠的现代供应链体系，为企业迎来可持续发展、高质量发展奠定坚实基础。

第二章　供应链风险管理体系要求

第一节　体系总要求

【目的】确定体系建设范围，明确体系建设框架，制订体系建设与运行原则，保障体系持续改进。

一、总体要求

（1）企业供应链管理者应根据企业供应链运行情况，界定风险管理体系实施边界，并形成相应文件。

（2）界定风险管理体系边界和范围时，不应试图完全限制其范围，而应包括评估、影响或供应链活动的内外部相关方的供应链安全，可结合体系建设实际逐步扩大其管理边界。

（3）在风险管理体系管理范围内的组织和员工，均应满足体系要求。

（4）风险管理体系框架按照三级进行建设。一、二级文件组成体系建设标准文件。

1）一级是体系手册，是体系建设的纲领性文件，明确体系建设思路及原则。

2）二级是技术标准、管理指引，承接体系落地的具体要求，分别从风险管理方法、管理职责与流程两个方面规范风险管理工作。

3）三级是基准风险库、风险管控策略，是风险管理成果的载体，全面呈现风险情况及风险管控主要要求。

（5）风险管理体系按照整合性、结构化、全面性、定制化、包容性、动态性、最佳可用信息、持续改进等八项原则开展建设和运行。

二、总体要求回顾与修订

（1）企业应对供应链风险管理界面、框架、原则的符合性进行回顾，对发现的问题进行改进。

（2）若出现其他须修订之处，供应链风险管理界面、框架、原则须立即开展回顾与修订。

第二节　方　针　要　求

【目的】体现企业供应链集约、规范、高效、廉洁、安全、稳定的宗旨，以及持续降低供应链风险的承诺，为企业供应链风险管理提供方向。

一、方针制订

（1）企业最高管理者应组织决策层制订供应链风险管理方针。

（2）制订的方针应考虑下列因素：

1）遵守国家法律法规的各种管理要求；

2）符合企业发展战略的目标和方向，并与企业的其他方针保持一致；

3）与企业全面风险管理目标和风险管理框架一致；

4）应体现风险管理的总体要求和建设方向；

5）方针应简洁、易理解，并与本单位的核心业务相适应，将风险管理融入核心业务活动和决策；

6）体现客户、管理层、员工、社会和其他相关方的需求；

7）体现企业对供应链集约、规范、高效、廉洁、安全、稳定以及持续改进的承诺。

（3）方针应清楚地陈述供应链风险管理目标，形成文件并由最高管理者签发。

二、方针传达、沟通与践行

（1）供应链风险管理方针及其任何修订均须告知所有员工。

（2）管理层应持续传达、诠释供应链风险管理方针，使所有员工熟悉并理解。

（3）管理层可通过下列方法传达、诠释方针：

1）形成相关管理制度与文件；

2）在企业内部予以公布、张贴；

3）作为员工培训的内容；

4）印发相关的供应链工作手册，予以指引；

5）分层级组织相关会议予以宣贯；

6）问题纠偏时通过"四不放过"（事故原因未查清不放过、责任人员未处理不放过、整改措施未落实不放过、有关人员未受到教育不放过。）原则予以重新宣讲教育。

（4）在遵从保密规定的情况下，供应链风险管理方针的内容可适当向相关方传递，便于获知，如向企业前端与后端用户传递。

（5）供应链管理决策和行动应遵循方针的承诺。

第三节　目　标　与　指　标

【目的】为企业的供应链风险管理提供可测量的管理目标与方向,明确企业过程供应链风险管理中期望实现的成果,引导供应链风险管理持续改进和提升。

一、目标与指标的设立

（1）企业应基于发展战略目标，针对本单位供应链管理特点，围绕创造和保护价值的风险管理目标，设立供应链风险管理目标与指标。设立时上下级应充分沟通，并考虑以下因素：

1）符合法律法规和其他风险管理的要求；

2）供应链风险管理方针要求；

3）对供应链基准风险库进行管控的承诺；

4）持续改进的要求；

5）管理评审结果；

6）风险评估结果；

7）相关方的意见；

8）同类企业平均水平或先进水平；

9）上级下达的本业务目标与指标；

10）实现目标所需的资源；

11）下级达成目标的能力。

（2）企业设立供应链风险管理目标与指标体系时应关注：

1）层次结构；

2）逻辑关系的系统性（如供应链风险管理方针、目标与指标的关系）；

3）内容的充分性；

4）权重的适宜性；

5）定量或者定性测量；

6）过程指标的设立。

二、目标与指标的实施与监测

（1）企业应对目标与指标形成文件，进行发布，并使相关作业人员、监督人员可方便地获知。

（2）企业应制订实现目标与指标的实施计划，内容如下：

1）按照本单位供应链领域组织架构层层分解目标、指标；

2）制订完成目标、指标的工作计划和保障措施。

三、回顾改进

（1）企业应定期对目标与指标制订的科学性、合理性、充分性进行回顾，必要时修正或更新。

（2）企业应定期对目标、指标及其实施计划完成情况进行监测、分析，对异常的目标与指标查找原因，总结经验并提出改进措施。

第四节　法律法规与其他要求

【目的】确保对现行的、对供应链活动有影响的法律法规与其他要求的依从，提高遵守法规和制度的意识和责任。

一、影响供应链活动的法律法规与其他要求的识别

（1）企业应有标准，明确"适用供应链管理的法律法规与其他要求"的识别、获取、融入、回顾的管理要求，并确保其落实。

（2）识别与企业供应链管理相关的法律法规与其他要求时应考虑以下因素：

1）国家法律法规及政策；

2）地方法规及政府要求；

3）行业标准与规程规范；

4）国际惯例与企业发展。

（3）企业应建立获取法律法规与其他要求的有效途径，如国家相关部委网站、国家及地方交易平台、上级单位文件、相关方提供。

（4）供应链管理及运营相关业务人员结合工作收集与本业务有关法律法规与其他要求，定期汇总至本级供应链管理部门，并形成上下联动的信息传递渠道。

（5）各级供应链管理部门应建立适用的法律法规与其他要求的数据库，并对其版本、类别、适用条款、融入的制度等进行动态管理，应定期发布需

依从的有关法律法规与其他要求。

二、法律法规与其他要求的融入

（1）对识别的法律法规与其他要求的适用条款，应融入本单位的制度与标准，并与受关联的人员及相关方进行沟通。

（2）法律法规与其他要求融入时，应关注其具体要求，确保融入的充分性、可操作性。

三、法律法规与其他要求的依从

（1）企业应识别不符合法律法规与其他要求的事项并立即予以纠正。

（2）企业应对法律法规与其他要求的依从性及所面临的法律风险进行综合评估，明确风险控制措施并落实。

四、法律法规与其他要求的回顾

（1）企业应确保法律法规与其他要求的任何变化得到识别、获取、融入、沟通。

（2）企业应及时更新法律法规与其他要求的数据库。

（3）企业应每年对法律法规与其他要求的识别、融入与依从进行回顾，对发现的问题进行纠正。

第五节 文 件 体 系

【目的】确保供应链风险管理职责得到有效分配，管理与作业要求、流程与方法得到清楚规定、易于理解和有效实施。

一、文件体系建立

（1）企业应依据下列架构层级，识别满足供应链管理所需的文件，确立文件清单。

1）法律法规；

2）国家或行业标准；

3）企业规章制度，包括基本制度、重要制度、一般制度、业务指导书、作业手册。

（2）企业在识别供应链风险管理所需文件时，应重点考虑以下因素：

1）法律法规要求；

2）业务范围；

3）风险特点；

4）流程管理与控制要求；

5）企业规章；

6）行业要求；

7）国际标准。

（3）企业应对已识别的文件进行系统性分析，确定执行其要求所需的支撑性、关联性文件。

（4）制度部门负有宣传制度的义务。

二、文件编制

（1）企业应依据组织架构、管理要求及风险评估结果，编制或完善供应链风险管理过程所需文件，文件应满足法律法规、国家及行业标准、上级组织的相关规定要求，实现风险控制目标。

（2）企业应在充分识别供应链风险后，根据风险评估结果，依据精简、高效的原则，建立、制订管理业务和作业活动流程。

（3）编制管理文件应关注以下要求：

1）符合合规义务清单、内控风险管理要求；

2）目的准确、聚焦风险；

3）职责明确、可衡量，管理界面清晰，权责到岗；

4）风险控制措施融入制度、融入流程；

5）管理节点的逻辑与闭环；

6）罚则清晰，具有可操作性。

7）表述简洁、可操作、无歧义、体现"5W1H"原则〔指原因（何因Why）、对象（何事 What）、地点（何地 Where）、时间（何时 When）、人员（何人 Who）、方法（何法 How）等六个方面〕。

（4）编制作业文件应关注以下要求：

1）人员配置合理与能力胜任；

2）工器具的合规适用与有效性；

3）各类资料的全面性与准确性；

4）风险分析与现场实际的一致性；

5）作业步骤清晰，风险控制措施融入作业步骤；

6）表述简洁、可操作、无歧义；

7）必要的记录表单和应急处置措施。

（5）规章制度需广泛征求意见、经相关部门会签，制度草案需经制度审查会审查，按照审批权限实施审批。

三、文件控制

（1）企业应有标准，明确供应链风险管理文件识别与控制要求，包括以下内容：

1）主索引表；

2）文件颁布与执行时间；

3）文件的版本与编号；

4）文件的变化与废止管理；

5）强制性文件、法律法规要求。

（2）企业应根据文件的敏感性，采取措施防止未授权文件侵入，确保供应链管理文件能被需要的人获取。

四、文件管理回顾

企业应每年或供应链管理业务/作业（含新增重大风险）等发生变化时，对供应链管理文件及其涉及流程进行回顾，根据回顾结果，考虑修订、废止及新增文件。回顾内容包括以下几个方面：

（1）文件执行评价，是否做到有章必依、执章必严、违章必究。

（2）文件的适用性和针对性，是否对以往风险进行有效管控、管控效果是否实现。

（3）流程的效率、流程的设置是否满足对以往风险的管控。

（4）文件的全面性能否对新增风险进行有效管控。

（5）文件接收、处理、保存与反馈管理的有效性和及时性。

第六节　数　据　管　理

【目的】通过技术赋能，逐步实施业务数字化、数字业务化工作，构建透明数字供应链，将风险控制嵌入系统，实现透明化管控目标，提升供应链风险管理效率和效益。

一、数据采集

（1）企业应主动应用信息与通信技术（information communications technology，ICT）、物联网、互联网、大数据、云计算和人工智能（artificial intelligence，AI）等技术手段，分析业务逻辑关系，开展跨业务领域、企业信息系统建设，打造行业数字化平台，多手段采集全业务、全流程数据及物资全生命周期数据，通过数据对接、数据清洗、数据整理实现数据集成，运用场景算法实现应用赋能，推进数字业务化，建设协同、优化、智能的数字化供应链。

（2）企业应在满足保密要求的情况下，围绕管理决策、资源配置、过程控制、统计分析、监督管控的需要，对供应链全业务数据进行收集，采集需要管理的供应链数据。

（3）供应链管理数据至少应包括以下内容：

1）基础数据：供应链业务的原始资料、目录或台账，如仓库清册；

2）活动记录数据：供应链业务/作业流程中形成的关键过程记录，如出库单；

3）运营监控数据：为加强供应链业务及风险管理设置的监控指标，如储备物资周转率；

4）评估与测量数据：供应链业务中形成的检查、评估记录，如物资财务对账表。

（4）供应链管理数据信息包括但不限于数字、文字、声音、视频、报表等。

（5）供应链管理数据收集设备及技术包括但不限于射频识别技术、扫码枪、视频监控、GPS 定位等。

（6）供应链管理数据采集应考虑以下因素：

1）完整性；

2）实时性；

3）真实性；

4）结构性；

5）关联性。

（7）企业应将已采集数据的建立方式、渠道、方法、频度、保存时限等要求在对应的管理与作业文件中明确。

二、数据集成与维护

（1）企业应建立统一信息平台或突破原有系统壁垒，实现不同来源、格式、特点性质的数据在逻辑上或物理上有机地集中，从而为企业提供全面的数据共享。数据集成需考虑以下几个方面：

1）建立集成标准；

2）需协同供应链涉及的全业务；

3）应主动联通供应链上下游；

4）应考虑资产全生命周期管理；

5）确保数据安全性。

（2）企业应依从相关管理与作业文件要求，维护供应链管理数据并满足以下要求：

1）数据维护应动态、及时、可追溯；

2）数据应真实、完整、齐全、准确。

（3）应确保数据存储安全，采取措施防范数据泄露或篡改，确保数据在采集、传输、存储、处理等全过程的保密与安全，对于电子形式的文件，应进行充分备份和能够得到恢复。

三、数据分析与应用

（1）企业应加大供应链信息系统运用，运用技术手段将各类非结构化数据结构化，为建立数字供应链奠定基础。

（2）企业应结合数字业务化工作，将风险防控措施制度化、流程化、数字化，运用数字化手段刚性保障制度执行。

（3）基准风险库是风险数字化的具体表现形式，应固化到系统中。应用系统实现风险的展示、传递、分析、管控等功能，记录风险管理全过程记录。

（4）企业应主动开展供应链数字化建设，针对各种应用场景，研究各场景的 AI 算法，通过算法设计、算法开发、算法训练、算法部署、算法应用和算法迭代等步骤，运用 AI 算法解决具体场景的具体问题、运用探针识别风险，实现信息公开透明、风险提前防范、业务协同高效。

（5）企业应基于管理需要，对相关供应链管理数据进行统计分析，以实现以下管理目的：

1）市场发展需求；

2）协同上下游企业；

3）优化数据应用范围与方式；

4）分析发展趋势与变化规律；

5）识别管理的重点与方向；

6）发现管理或执行中的风险。

四、数据管理回顾

（1）企业应定期或在发生变化时，对数据管理文件的有效性进行回顾，必要时修订标准或改进执行过程。

（2）企业应定期或在发生变化时，对数据管理活动的有效性进行回顾，在保证安全性的前提下，对数据采集是否全面、数据交互是否延迟、数据孤岛是否存在、数据运用是否到位、制度和流程变化与系统的匹配程度等进行分析，必要时修订标准或改进执行过程。

第七节 沟 通 与 推 广

【目的】确保供应链风险管理信息得到及时、有效的沟通和传递，提高对风险的认识和理解，保障风险文化建设。

一、沟通

（1）企业应识别并明确供应链风险管理信息沟通的内容、对象、时机、方式、职责，形成供应链风险管理沟通渠道，在保证信息的保密性、完整性的情况下，确保信息得到真实、准确、及时的沟通和传递，提高供应链相关人员对供应链风险的认识和理解。

（2）供应链风险管理沟通包括以下几个方面内容：

1）国家和各级政府最新发布的与供应链业务相关的法律法规和文件；

2）国家、行业、本系统有关供应链管理的事故/事件信息；

3）与供应链业务相关的内外部变化信息；

4）上级下发、本单位的供应链管理文件、标准及要求；

5）本单位的供应链风险管理方针、目标与指标；

6）本单位供应链管理会议纪要、简报、简讯及其他供应链管理信息；

7）员工对供应链管理的改进意见及建议；

8）相关方的需求与本单位潜在风险的影响，相关方业务办理中的信息交互。

（3）企业应根据沟通的对象、内容和要求选用正式或非正式沟通方式，如会议、公文、简报、报表、信函、网络、广播、微信、电话、面谈等，根据现代企业治理相关规章制度，会议行文形式还具体包括涉密会议与涉密文件，具体参考相关保密法与相关制度。

（4）风险提示函是风险沟通的手段，针对供应链风险的特点，运用风险提示函，规范、高效传递风险，实现风险管控的横向协同和纵向联动。

（5）企业在发布信息之前，应依据信息的敏感程度，发布前开展舆情风险评估，制订风险管控措施，并严格履行审批手续。

二、内部沟通

（1）企业供应链管理各级机构应建立会议机制，明确供应链风险管理会议的类别与召开频率、组织与实施、会议内容、处置与跟踪等要求，协调解决各类供应链风险管理事务。

（2）应采用工作交底、工作协议、签订承诺书等多种沟通方式，在业务开展前传递风险管理要求信息，收集改进建议和诉求。工作交底应关注以下内容：

1）工作目标和任务：明确所交底工作的目标和任务，确保受交底人员对工作有清晰的认识和理解；

2）工作要求和标准：详细说明工作的具体要求和标准，包括时间要求、质量要求、安全要求等，确保受交底人员按要求进行工作；

3）工作流程和步骤：详细阐述工作的流程和步骤，确保受交底人员能够按照规定的程序进行操作，避免疏漏和错误；

4）人员职责和分工：明确各个人员的具体职责和分工，确保各个环节的责任和任务明确，避免工作交叉和责任模糊；

5）安全注意事项：指出工作中需要注意的安全事项，包括个人防护、机械设备使用、应急预案等，确保工作过程中的安全；

6）工作协作和配合：强调工作中的协作和配合，明确相关人员之间的沟通和配合方式，避免因信息传递不畅导致工作延误或错误；

7）工作结果评估和反馈：明确工作结果的评估方式和反馈机制，及时发现问题并进行调整和改进。

（3）企业应定期对供应链风险管理会议的策划、组织、实施、落实情况及会议效果进行回顾，对发现的不足进行改进。

（4）企业应有标准，明确合理化建议的收集、评议、反馈、采纳、实施等管理要求，听取员工、客户、相关方的意见及建议，鼓励员工提出建议。

（5）合理化建议可通过下列方式提出：

1）填写建议表；

2）当面提出建议；

3）通过风险管理员提出建议；

4）监督专家在各类监督报告中提出；

5）通过电话、电子邮件提出建议；

6）专项接待日与诉求反馈渠道；

7）其他方式。

（6）企业应对收集的建议进行登记，记录处置结果并适时反馈。

（7）企业应按月、季或年公布内部、外部的供应链管理信息，及时、有效地将供应链管理信息传达到各级员工。

三、外部沟通

（1）企业应建立与外部沟通的机制，搭建各种沟通平台。

（2）企业应及时、有效地将有关信息向相关方传递。

（3）企业发布相关信息对场所、内容、格式和时间有规定的，必须在规定的时间内、在规定的场所，按照规定内容、格式进行发布，相关信息满足法律法规、制度规定。

（4）企业在收到供应商相关文件时，需做好登记工作。如需核查的，必须按照法律法规、制度规定，开展核查、回复工作。

（5）企业应以书面形式，及时、有效地将重大风险信息或重大事项向相关方通报。

（6）企业应定期召开客户座谈会，通报相关的供应链管理情况。

（7）企业应向承包商和供应商及其他进入企业的相关人员明确风险管理和控制的要求或标准。

四、供应链风险管理推广

（1）企业可通过组织开展供应链风险管理主题活动，提升员工对供应链风险意识和文化培育的参与度。

（2）供应链风险管理主题活动应关注以下内容：

1）供应链风险管理知识传播；

2）供应链风险管理经验与事故/事件教训分享；

3）供应链风险问题解决方案讨论与确定；

4）供应链风险评估与控制措施制订；

5）合理化建议。

（3）企业应开展供应链风险管理宣传，可考虑的形式如下：

1）讲座；

2）挂图、手册、宣传栏；

3）电子媒介；

4）供应链风险管理活动日。

第三章 组织与人力资源

第一节 机构与人员配置

【目的】为企业供应链风险管理提供必要的组织与人力资源保障,为确保供应链风险管理的实施提供充分资源。

一、供应链风险管理机构设置

（1）企业应依据企业职能划分和风险管控要求,明确供应链风险管理职能机构,作为供应链风险管理的最高管理机构,并基于国家法律法规和风险管控要求,成立需求计划管理委员会、评标委员会、招标领导小组、品控中心、逆向物资鉴定小组、供应链监督工作小组等机构,参加企业内应急指挥中心。

（2）企业应依据供应链业务管理及风险管理需要,设置各级供应链管理机构,开展风险管控工作,至少包括以下机构:

1）供应链业务管理与执行机构;

2）监督机构;

3）综合业务管理机构;

4）信息化管理机构;

5）应急管理与处置机构。

（3）企业应明确机构的职能和运作机制,以及所配置岗位的具体职责。

二、供应链风险管理人员配置与任命

（1）供应链业务人员是供应链业务事项的风险管理第一责任人,业务人

员数量应与本单位规模和工作任务相适应，满足供应链业务工作和风险管理工作的需要。

（2）企业应设置供应链风险管理人员，负责供应链风险管理体系管理工作，督促体系有效落地。

（3）供应链管理机构的人员配置宜满足上级制度标准要求，专业搭配合理、分工明确。

（4）供应链各级管理机构负责人、班组负责人员，负责本级供应链业务风险检查工作。

（5）企业可依据供应链业务情况，组建风险管理专家库，专家库内人员分专业开展供应链专项业务、风险检查与监督工作。

（6）企业可根据供应链事故/事件情况，抽取或指派专业人员，作为事故/事件调查员，成立工作小组，开展调查工作。

（7）供应链业务、采购专家库专家、供应链事故/事件调查员应理解并承诺履行相应工作的职责与义务，具备履责所需的技术水平和资格，可用以工作经历等衡量其能力水平。

（8）风险管理专家、供应链事故/事件调查员在开展风险检查与监督时，受国家法律法规、企业相关制度约束，应主动接受相关方监督，视情况需主动回避。

第二节　职责、权利与义务

【目的】确保企业供应链风险管理的职责、权利与义务得到确立、沟通和履行。

一、职责、权利与义务的确立

（1）企业最高管理层负有界定企业供应链风险管理目标和确保实施供应链风险管理体系的职责，应通过相应活动持续改进供应链风险管理：

1）企业最高管理层应指定一名成员，无论其是否还负有其他方面的职责，应规定其为改进企业供应链风险管理体系总体策划、保持、形成文件所负有的职责；

2）对指定人员进行必要授权，确保目标指标的实施；

3）识别和关注相关方的要求和期望，并采取适当和及时的措施对该要求和期望进行管理；

4）确保提供充足资源；

5）充分考虑供应链风险管理方针、目标和指标可能给企业其他方面造成的负面影响；在企业内为满足风险管理要求进行沟通；

6）确保供应链风险管理的目标、指标的可行性。

（2）供应链业务机构负责管理风险，对业务风险进行具体评估、控制，对本专业下级风险管理工作开展监督。

（3）供应链监督机构负责监督风险管理，负责供应链风险归口管理，制订风险管理制度和流程，组织建立和更新风险库，对风险管理开展监督、问责与评价，负责重大风险管控，其职责应包括以下几个方面：

1）确保企业在确定目标时充分考虑风险；

2）掌握企业在追求目标时所面临的风险；

3）建立和调整供应链风险库；

4）确保风险管理体系得到有效实施和运行；

5）确保企业在当前的目标下风险受控；

6）确保识别的供应链风险及其管理措施得到有效传达。

（4）各级供应链业务管理人员拥有相应职责和权限，以确保供应链风险管理系统的实施和形成相应文件，与最高管理者沟通，得到授权，有监视职责范围内供应链风险管理体系运转的职责，并得到其他人员的支持。在进行授权时，应确保分配给他的其他责任与他履行供应链风险管理职责时不冲突。

（5）各级供应链业务人员拥有相应职责和权限，结合本岗位职责，充分辨识本岗位业务风险，对管理业务内所有风险进行全方位管控，确保风险管控措施切实执行，保障供应链风险管理系统有效实施。

（6）各级供应链监督人员拥有相应职责和权限，对本级供应链风险管理工作实施监督、问责、评价，保障体系有效运转。

（7）企业应基于角色与风险，明确各级、各岗位人员的供应链管理及其风险管控职责、履责到位的衡量标准。确立岗位风险管理职责应考虑以下要求：

1）法律法规要求；

2）目标与指标控制要求；

3）与标准规定职责的一致性，避免有关职责和权限界面混淆；

4）风险管控要求；

5）廉洁要求。

（8）企业应结合岗位要求，在符合保密要求的前提下，明确各岗位人员在供应链风险管理中拥有相应的权利：

1）知情权：有权了解其工作场所和工作岗位存在的危险因素、防范措施和事故应急措施；

2）建议权：有权对本单位的供应链风险管理工作提出建议；

3）批评权和检举、控告权：有权对本单位供应链风险管理工作中存在的问题提出批评、检举、控告；

4）拒绝权：有权拒绝违规办理业务和冒险作业；

5）职业培训权：获得供应链风险管理教育和培训的权利。

（9）企业应明确各级、各岗位人员在供应链风险管理中应履行的义务，至少包括以下义务：

1）自律遵规的义务；

2）自觉学习供应链风险管理知识，接受供应链风险管理培训的义务；

3）风险报告的义务；

4）保密的义务。

（10）企业应在标准中明确员工拒绝程序。

1）客观、公正地调查员工拒绝事件的流程；

2）为维护国家法律规定，员工拒绝工作不受惩罚或问责；

3）员工拒绝事件调查结果应反馈给相关人员。

二、职责、权利与义务的沟通

（1）企业管理层应逐级说明供应链风险管理职责、权利与义务的内容。

1）任命新到任岗位人员；

2）修订职责与权限内容；

3）下达年度供应链管理综合考核指标。

（2）各级、各岗位人员应熟悉并理解自己的职责、权利与义务。

（3）供应链风险管理职责、权利与义务内容的修订应书面通知员工。

三、职责、权利与义务的履行

（1）企业应提供履行职责所需的资源，并建立供应链风险管理的评价与激励机制，促进员工按标准履行职责和行使权利。

（2）企业应基于问题分析履职偏差并纠正。

1）供应链管理事故/事件暴露的问题；

2）供应链业务、风险管理目标与指标偏差；

3）巡视、巡察、审计、专业监督等各类检查发现的问题。

（3）企业应将供应链风险管理履职情况纳入绩效评价。

（4）各级、各岗位人员履行供应链风险管理义务的表现应纳入认可程序。

（5）发生的拒绝事件应得到客观、公正的调查。

第三节　领　　　导

【目的】建立正确的供应链风险理念、价值准则和行为规范，确保将供应链风险管理纳入供应链业务涉及的所有活动，引领企业供应链风险管理建设工作。

一、领导的理念与价值观

（1）企业领导应尊重供应链风险管理规律，引领组织形成良好的风险理念体系，将供应链风险管理纳入供应链业务涉及的所有活动中。

（2）企业各级领导应培育并建立以下思维：

1）风险思维；

2）系统思维；

3）供应链思维；

4）变化与发展的思维；

5）风险管理是企业所有活动的一部分。

（3）企业领导应基于供应链风险管理体系，创造和保护价值，推动企业供应链风险文化建设。

二、承诺

（1）各级领导应持续、充分辨识自身可能存在的、与供应链风险价值体系不一致的风险行为，分析行为动机和影响，并对风险行为的纠正做出正式书面承诺。

（2）承诺应具体、可测量。正确行为方式建立后，承诺应及时更新，包括：

1）建立契合供应链风险管理的组织、体系、规章架构，给相应人员予以授权；

2）发布供应链风险管理的方法、计划、目标和指标；

3）确保分配必要的资源以开展供应链风险管理；

4）形成供应链风险体系价值观。

（3）各级领导的承诺应在会议中说明，并可采取以下渠道公告：

1）宣传栏；

2）内部网络；

3）电子媒介。

三、领导力表现

企业各级领导应践行供应链风险价值体系，在下列行为或者行动中体现供应链风险领导力：

（1）用于风险管控的资源投入。

（2）管理决策。

（3）个人行为自律。

（4）供应链风险事务参与。

（5）对员工的关心。

（6）检查监督。

四、领导力表现的测量和评估

（1）企业应每年对领导力表现进行测量和评估，方式如下：

1）问卷调查；

2）员工访谈；

3）个人访问；

4）过程记录检查。

（2）领导力表现应形成正式的分析报告，并作为领导承诺的输入。

第四节　员　工　聘　用

【目的】所聘用人员的能力与工作岗位要求相匹配，控制用工相关风险。

一、人力资源风险分析

（1）企业应基于法律法规、标准以及企业供应链运营与发展需要，对现有的人力资源状况进行全面的风险评估，评估时应关注以下方面：

1）人员年龄结构；

2）人员配置情况；

3）人员身体状况及劳动强度；

4）人员知识、能力与经验；

5）人员与机构的变化。

（2）企业应将风险评估结果应用到下列管理活动：

1）确定人力资源需求；

2）修订人力资源配置标准；

3）制订人员培训需求计划；

4）调整人员及岗位；

5）完善岗位说明书。

二、员工聘用标准

（1）企业应按照人力资源配置标准，编制岗位说明书，岗位说明书应明确以下内容：

1）岗位职责与工作任务；

2）任职资格/知识与技能要求；

3）身体条件/职业禁忌证；

4）岗位权限。

（2）企业应建立人员聘用标准，确保所聘人员符合岗位说明书要求。应重点关注以下方面：

1）资质要求；

2）岗位素质要求；

3）能力评估；

4）体检/职业健康检查结果；

5）人机工效要求。

（3）企业应关注所聘用人员在试用期间的能力表现及其与岗位的匹

配度。

三、入职上岗引导

（1）企业应对新入职/上岗的员工进行风险辨识与风险评估培训，并告知其岗位涉及的风险因素及可能的风险。

（2）企业应建立新入职/上岗员工的引导机制，相关机制如下：

1）作业过程引导；

2）身份标识识别；

3）能力标识识别（有特殊能力要求或需要资质的岗位）；

4）任务观察。

四、离职管理

（1）企业可在员工离职前组织收集离职员工对供应链风险、企业安健环管理的意见和建议。

（2）企业可根据员工岗位保密性要求，明确员工保密义务和保密期限。涉密员工离职时应开展保密教育、签订保密承诺，执行脱密期规定。

第五节　专　家　聘　用

【目的】确保所聘用专家的能力与工作要求相匹配，管控其工作风险。

一、入库管理

（1）企业可根据供应链业务及风险需要，聘请内外部专业人员，组建采购专家库，树立系统内专家参加采购评审活动是本职和义务的意识。必要时可考虑探索跨行业、跨区域的企业采购联盟制度。采购专家包括但不限于：

1）评标专家；

2）评审专家；

3）招标人代表；

4）监督专家；

5）品控专家。

（2）企业应建立员工中心数据库至采购专家库的员工相关信息推送渠道，系统内符合任职条件及专业要求的员工应当入库。

（3）采购专家库可分层管理，企业可根据情况明确各类专家库统一管理层级。

（4）采购专家库的组建需关注以下要求：

1）符合国家法律法规规定；

2）符合企业规定，且实际必须；

3）保密要求；

4）专家库内专业覆盖程度；

5）专家使用要求。

（5）同一人员可为不同类型专家，但同一项目应注意同一人员专家身份的不相容性。

（6）采购专家库可根据需要，确定是否允许外部人员进入专家库。

（7）采购专家库应实行动态管理，定期审查、更新。

（8）各子专家库对各类专家资格条件应有明确的、适当的规定。至少需考虑以下入库条件：

1）具有良好的政治素质和职业道德；

2）具有公正、诚实、廉洁品质；

3）具备较高的专业素养；

4）熟悉相关法律法规、规章制度；

5）身体健康。

（9）专家入库可采取个人申请、单位推荐和企业邀请等方式。不论哪种方式，均需经规定流程审批后方可入库。

二、在库管理

（1）企业应对专家使用流程、使用范围、专家权限、选择方式、待遇等内容进行明确规定，并严格执行。

（2）企业可根据专家性质确定专家保密要求。对于需保密的专家，应制订相应流程，并严格执行。

（3）专家权利。

1）有接受培训，提高业务能力的权利；

2）可依法查阅资料，对各项资料进行独立评审，提出评审意见，不受任何单位或个人干预；

3）对供应链风险管理、专家库管理有建议权；

4）依法就所提供的服务获取劳动报酬，劳动报酬应符合当地标准、分级管理、内外有别的原则；

5）享受对专家的相关激励；

6）法律法规、制度规定的其他权利。

（4）专家义务。

1）按要求入库、完善相应资料的义务；

2）持续提升业务能力的义务；

3）认真履行专家职责，对自己发表的意见负责；

4）有主动回避义务；

5）有保密要求时，履行保密义务；

6）协助、配合监督的义务；

7）法律法规、制度规定的其他义务。

（5）专家使用坚持"适当、必须、专业、保密"原则。

1）专家派遣方式，可视情况采用选派、自动抽取、人工抽取方式。

2）专家抽取范围，可视情况采用本单位抽取、交叉抽取、合并抽取方式。

3）专家应在其专业范围内开展工作。

（6）企业应对专家履职情况进行管理，对良好行为给予激励，对不良行为进行处罚。

（7）专家日常教育。

1）企业应对专家开展培训，培训内容应包括廉洁教育、保密守则、业务知识、专家管理要求、评审及监督工作流程及规定；

2）专家所在单位和党组织应加强专家日常监督、教育；

3）在专家履职前，企业应对专家开展培训，并进行记录。

（8）当专家短期内不能履职时，经审批后，可冻结专家资格。当具备条件时，应及时恢复。

（9）企业应建立专家考核机制，对专家工作质量进行管理。

1）评价应结合项目个人履职情况与年度综合情况开展；

2）评价结果可作为企业其他评价的依据；

3）出现违反廉洁从业、违纪等问题的专家，视情节轻重，按照有关法律法规和企业规定处理。

三、退库管理

（1）企业应对专家退库情形、流程进行明确规定，并按要求开展。

（2）退库应考虑下列因素：

1）在库专家自身原因；

2）被责令退库；

3）法律法规、制度规定的其他因素。

四、专家管理环节风险管控效果监测与回顾

（1）企业应对专家管理环节风险管控的效果进行监测、评估，及时修正、完善风险控制措施。

（2）企业应对专家管理环节风险管控模式及其运作过程、风险控制措施的制订和执行进行回顾，对存在的不足进行改进。

第六节　能力与意识提升

【目的】提升员工和专家的业务知识、供应链风险知识、风险控制意识与技能，使其胜任工作。

一、岗位能力模型建设

（1）企业应系统、全面对每一岗位的能力需求情况进行调查分析，分析过程应考虑以下要求：

1）岗位说明书；

2）法律法规和标准要求；

3）岗位综合素质要求；

4）专业知识技能要求；

5）岗位风险控制要求；

6）日常管理知识要求。

（2）企业应依据能力需求分析结果，确定每一岗位能力模型，为培训系统的建立提供基准。岗位能力模型应体现以下内容：

1）具体的知识点及其承载载体；

2）能力输入方式与频度；

3）师资要求与来源；

4）组织与实施方式。

二、能力输入与意识提升

（1）企业应基于岗位能力模型建立培训系统。培训系统应包括以下内容：

1）培训的组织体系建立；

2）培训的课程体系建立；

3）培训的场所及设施；

4）培训师资的识别与培育；

5）培训资金的管理。

（2）企业应基于岗位能力模型，制订培训计划，确定培训方案并组织实施。

（3）企业在实施培训过程应充分考虑下列因素，以确保培训目的的实现：

1）培训对象的针对性；

2）培训时间的合理性；

3）培训方式的适宜性；

4）培训师资的胜任性；

5）培训内容的针对性与充分性。

（4）企业应按计划实施培训并确保相关人员每年的培训时间满足法律法规要求。

三、培训效果与能力评估

（1）企业应对培训进行评估，评估内容如下：

1）培训策划过程的效力；

2）培训实施过程的效力；

3）知识、技能、意识的提高和应用效果。

（2）培训效果评估应重点关注员工的应用能力跟踪评估。评估的途径如下：

1）考试/考核；

2）实操/演练；

3）在现场应用的能力（任务观察）；

4）员工/班组反馈；

5）绩效的改善；

6）管理层/领导反馈。

（3）企业应将能力跟踪评估结果应用于员工岗位能力模型数据的动态更新。

（4）企业应根据能力跟踪评估结果改进培训工作。

第七节 认 可 与 激 励

【目的】认可员工、专家良好的供应链风险管理表现，鼓励积极行为，培养全员参与的风险文化。

一、认可的供应链风险管理表现

企业应识别值得鼓励的个人供应链风险管理表现，主要包括以下几个方面：

（1）积极主动制止/消除、报告/反馈存在风险的行为和状态。

（2）积极主动报告/反馈供应链风险管理问题。

（3）积极参与供应链风险管理事务或提出合理化建议。

（4）主动关心、帮助和引领员工提升供应链风险管理意识和能力。

（5）主动从事供应链风险管理或技术的创新。

（6）企业宜将个人风险管理表现作为员工晋升的参考条件。

二、表扬与鼓励

（1）企业应倡导对认可的供应链风险管理表现进行表扬与鼓励，表扬与鼓励的对象如下：

1）上级对下级；

2）下级对上级；

3）同级之间。

（2）表扬与鼓励的方式如下：

1）口头语言；

2）肢体语言；

3）书面语言；

4）新媒体语言。

三、认可与激励

（1）企业应建立认可与激励机制，明确供应链风险管理表现认可与激励的方式与方法。

（2）认可与激励的对象包括组织与个人，所有员工均有获得认可与激励的机会。

（3）认可与激励应以正式形式实施。

（4）企业应通过公告牌或电子信息媒介、局域网等形式展示供应链风险管理荣誉、绩效等信息。

（5）公告牌或电子信息媒介应置于明显位置，并定期更新。

第四章 风险评估与管控

第一节 风 险 评 估

【目的】为企业开展风险评估提供流程与方法指引,确保风险识别的全面性、风险分析的充分性、风险评价的准确性,为风险管控提供支撑。

一、风险评估策划

(1)企业应有风险评估标准,明确风险评估工作内容及方法如下:

1)各对象的风险识别、分析及评价的管理、实施责任;

2)风险评估工作的实施流程、内容与方法;

3)风险评估工作的动态、闭环管理要求;

4)可能发生后果的性质、类型和后果的度量;

5)可能性的度量;

6)风险的度量方法;

7)风险等级的确定。

(2)企业应结合企业核心价值观和企业供应链的职责使命,针对危害可能导致的供应链风险后果,确定其风险类别,风险类别如下:

1)廉洁风险:组织或员工凭借所拥有的权利在工作或日常生活中违反廉洁从业相关规定的风险,表现为贪污受贿;

2)交付风险:交付物从内部需求到达内部最终用户的交付过程中的风险,表现为供应中断、交付延迟、交付质量、收货延迟、协同延迟等;

3)财产风险:一切导致有形或无形财产的损毁、灭失或贬值的风险,以及经济的或金钱上损失的风险，表现为财务损失、资产贬值、资产损毁、资产丢失、资产呆滞等；

4）作业风险：作业活动造成人身伤害、机具损坏、环境破坏的风险，表现为人身伤害（含职业健康）、机具损坏、环境破坏等；

5）网络风险：因采购的信息设施安全性不足或服务不到位、供应链领域信息系统/平台维护发生问题，导致信息泄露或篡改、系统无法运转甚至崩溃等风险，表现为软硬件设备/服务自身隐患、信息系统维护不足；

6）合规风险：行为不符合法律法规、政策要求、行业规定、企业管理规定等要求，但不涉及廉洁、交付、财产、作业、网络等风险的情况，表现为违反法律、违反法规、违反行业标准、企业规章制度等。

二、风险评估实施流程

（1）企业按照下列步骤开展风险识别、分析及评价工作：

1）确定风险评估对象。对供应链业务进行全链条梳理，按业务层级列出管理范围内的所有业务，明确风险评估的对象。

2）确定现有控制标准文件。收集、整理各层级机构的法律、法规与规章，识别现有业务的控制文件，为后续分析危害现有管控措施奠定基础。

3）实施风险识别。分析评估对象，开展危害辨识，分析危害分布范围、类别及产生条件。

4）实施风险分析。分析风险现有管控措施、暴露、可能性及后果、确定风险大小。

5）实施风险评价。对照技术标准及风险容忍度，确定风险等级、管控策略。

6）拟定风险控制措施。根据风险等级，按照"分层分级分类分专业到部门到岗位到相关方"原则，制订风险控制措施。

（2）企业应建立外部法律、法规与规章的收集、管理机制，确保外部环境变化时，能够及时、准确发现，主动启动风险评估程序。

（3）企业应按照供应链风险的评估方法，定期组织开展风险评估工作，形成基准风险库，并实施基于问题的风险评估和持续风险评估，确保风险得到全面、动态、持续的识别。

（4）企业需及时收集、分析供应链上相关信息，判断企业供应链风险分类考虑因素是否调整、变化，据此调整风险分类，以保证分类标准符合企业的价值观、目标和资源。

（5）企业各级应为风险评估工作提供必要的人、财、物及技术资源保障，并通过培训使员工掌握风险识别、分析及评价的方法，必要时邀请技术专家、相关方参与或委托第三方进行。

（6）企业应开展以下类别的风险评估，并结合风险管理体系建设与运行阶段，有侧重地开展风险评估工作，确保风险全面识别。如：体系建设与运营初期，可侧重基于问题的风险评估，通过分析已暴露风险的根源，开展立行立改工作，防范屡查屡犯；体系日常运营期，可侧重开展基准风险评估，定期组织对面临的风险进行基本的、全面的识别和评估；体系成熟期，侧重开展持续的风险评估，发现变化，持续改进防范措施。

1）基准风险评估；

2）基于问题的风险评估；

3）持续的风险评估。

（7）企业应定期进行全面的供应链基准风险评估，作为供应链风险管控和持续改进的基准。为确保基准风险评估的全面性、充分性和准确性，需考虑以下因素：

1）评估的技术和方法；

2）法律法规和标准要求；

3）现有的管理方法和措施；

4）常规和非常规情况；

5）历史事故/事件。

（8）企业可根据自身情况，分级建立基准风险库，确保企业基准风险库覆盖供应链领域各个环节与相关人员。

（9）当供应链领域出现下列情况时，应进行基于问题的风险评估，并基于风险评估结果动态更新基准风险评估数据。

1）外部环境发生重大变化；

2）社会责任、企业战略发生重大调整；

3）发生事故/事件、意外或未遂；

4）企业供应链运行过程中暴露的高风险问题；

5）巡视巡察、审计、专业检查等揭示的问题；

6）新的业务流程或作业任务；

7）员工或相关方的新要求。

（10）新的风险评估技术和方法的应用。

（11）企业应运行下列方法或工具开展持续风险评估，识别风险，及时采取控制措施：

1）计划性任务观察；

2）业务/作业日常巡查；

3）风险管理员检查；

4）供应链监督。

（12）企业各级应每年或当内、外部变化产生时，对风险评估工作的流程、方法进行回顾和更新。

三、风险评估对象确定

（1）企业应围绕企业目标、供应链职能要求，对供应链业务进行全链条梳理，识别供应链风险评估的对象。

1）供应链策划；

2）供应链标准化管理；

3）需求与计划管理；

4）采购管理（含采购过程文件的形成与交换及评标基地）；

5）供应链人力资源管理；

6）供应商管理；

7）合约管理；

8）质量管理；

9）仓储配送管理；

10）逆向物流管理；

11）供应链监督管理；

12）供应链基础管理（包含但不限于信息、培训、综合管理等）。

（2）企业开展供应链风险识别、分析及评价的范围应涵盖供应链所有业务场景和工作活动过程，并充分考虑可能影响供应链目标实现的内外部因素，如国际形势变化、国家政策调整、市场变化、相关方协同等。

（3）企业可根据业务管理幅度确定风险评估对象颗粒度，但同一管理层级颗粒度应一致。

四、风险识别

（1）风险识别是在当前环境信息基础上，逐一发现、确认各业务事项/流程节点中风险的过程，并描述危害、原因和潜在后果的过程，以发现和确认可能影响企业目标实现的情况。

（2）企业进行风险识别，应包括以下环节：

1）识别与评估对象相关的危害，确定危害名称、类别；

2）识别危害分布范围（岗位、业务节点），以及引发风险的条件；

3）识别危害可能导致的风险后果。

（3）企业应结合实际选择（业务情况、人员素质、历史数据掌握情况等）或研究适合的风险识别方法，并确保方法的一致性、可重复性和可检查性。

（4）危害辨识方法包括但不限于头脑风暴法、情景分析法、流程分析法、历史问题法、鱼骨图法等。

（5）对同一业务开展风险识别时应综合考虑业务/作业环境，运用多种方法，从策划、管理、作业等三个维度进行分析，围绕六类风险，按照见人见事见管理的要求，识别业务事项中存在的危害，特别是内控设计缺陷和内控运行缺陷，确保风险识别的全面性。

五、风险分析

（1）风险分析是针对危害产生条件逐项梳理现有控制措施，选用合适的风险分析方法，分析在现有控制措施的基础上，风险发生的可能性、造成后果严重程度等因素，确定风险大小，为风险评价和风险应对提供支持。

（2）风险分析的需开展下列工作：

1）识别控制风险的现有措施，包括现有的管理措施和现场执行的防范措施；

2）基于业务实际及管控措施，分析危害转化为风险的可能性、暴露和后果的严重性；

3）依据风险后果，确定风险类别；

4）选择风险分析方法，分析风险大小。

（3）现有风险控制措施应着重从制度建设入手，查找制度、作业指导书/业务指导书，是否有明确规定及要求。

（4）企业应结合实际选择（业务情况、人员素质、历史数据掌握情况等）或研究适合的风险分析方法，并确保方法的一致性、可重复性和可检查性。

（5）供应链风险分析方法可以采用定性、定量的方法，包括但不限于 SEP 法（severity exposure probability，SEP）、风险矩阵法。

1）SEP 法是一种用于工作任务的半定量的风险评估方法；

2）风险矩阵法是依据对组织目标的影响程度和发生的可能性等维度绘制矩阵开展风险分析的方法。

六、风险评价

（1）风险评价是依据风险评价标准，确定风险等级，为风险管控措施的拟定提供方向。

（2）风险评价需开展下列工作：

1）将风险分析结果与企业规定的风险评估标准进行比较或者在各种风险分析结果之间进行比较，确定风险等级；

2）利用风险分析结果，确定风险管控原则；

3）若风险属新识别风险类型，应完善相应风险评估标准，以便评价该风险。

七、风险控制

（1）风险控制策略分类。应充分利用风险分析过程中所获得的对风险的认识，确定未来应对风险的控制策略。风险控制策略如下：

1）消除风险：消除风险产生条件；

2）转移风险：通过技术或管理手段，实施部分或全部风险转移；

3）降低风险：通过多种措施降低风险发生的可能性和后果的严重程度，以达到降低风险的目的；

4）承担风险：风险发生的可能性及造成后果的严重程度不会对生产经营造成影响，且控制该风险的成本超过接受该风险的成本时，可选择持续跟踪该风险。

（2）风险控制措施分类。风险控制是根据风险识别和分析评价结果，制订风险控制措施，从下列方面拟定管控措施，结合系统情况，将控制措施固化到系统，确保风险有效管控的过程。

1）资源配置类：配备风险控制所需的项目、资金、人员等资源；

2）制度/流程类：制订或完善与风险控制相关的制度、流程，确保将外部监管要求及时转化为企业内控规定，内控规定有效嵌入生产经营管理全流程并覆盖落实到全体员工；

3）标准/规范类：针对特定风险，编写标准、规范等文件，明确执行要求，制订违规违法行为处罚条款；

4）技术手段类：利用技术手段控制、转移、降低风险；

5）信息类：针对某些风险，明确预警规则，应用数字化手段实现风险提前预警、精准防控；

6）活动类：开展某些专项活动，控制、转移、降低风险；

7）培训类：开展人员风险管理及业务技能培训，提高其风险意识、风险管理能力及业务能力；

8）其他。

（3）风险控制基本要求。

1）风险控制措施是选择并执行一种或多种改变风险的措施。

2）风险控制措施的制订和评估可能是一个递进的过程。在拟定风险控制措施后，应评估其剩余风险是否可以接受。如不能接受，则应调整或制订新的风险控制措施，并再一次评估新的风险控制措施效果，直到剩余风险可以承受。

3）执行风险控制措施会引起组织风险的改变，需要跟踪、监督风险应对效果和企业供应链的相关环境信息，并对变化的风险进行评估，必要时重新制订风险应对措施。

4）重大风险问题及其控制措施建议应及时提交上级供应链部门审议。

（4）风险控制关键性技术研究。

1）企业应鼓励开展以降低企业供应链风险为目的的关键性技术及难题的研究；

2）各项技术研究成果在应用前应进行风险评估与分析，并制订必要的风险控制措施。

（5）制订风险控制措施的基本要求。企业应根据风险等级，确定风险控制方法，制订风险控制措施。在制订措施应考虑以下因素：

1）匹配性，措施要管控部门/单位职责相匹配；

2）相关性，控制措施需相关方协助的，需进行明确，并指出协助内容；

3）针对性，控制措施要有明确的目的性和方向性，以及对特定需求的满足和解决；

4）可操作性，措施可按照一定的规范和要领进行操纵和实施；

5）有效性，措施可完成风险控制预期目标，可达到预期风险控制效果；

6）经济性，措施可促进风险控制过程中获得一定数量和质量的风险控制成果时所耗费的资源较少；

7）控制措施可能带来的新风险。比如风险控制资源分配存在不均的情况，有限的资源可能未能合理分配给最需要控制的风险。

八、廉洁风险

（1）廉洁风险表现为滥用职权随意简化流程、业务办理吃拿卡要、为谋私利随意采购或以次充好、执纪不廉等违反廉洁自律相关规定的行为。廉洁风险来源如下：

1）利益冲突失控；

2）主观裁量权泛滥；

3）监督薄弱。

（2）廉洁风险识别可采用定性、定量方法开展。定性方法包括但不限于：

1）三要素法；

2）头脑风暴法；

3）情景分析法；

4）流程分析法；

5）第三方监督检查。

（3）廉洁风险识别需结合流程环节开展，并考虑下列影响因素：

1）流程环节的内外部环境影响；

2）流程环节的业务性质；

3）流程环节的人员素质；

4）流程环节的权力空间，如主观裁量权大小；

5）流程环节的受监督程度，如是否有监督、监督难易。

（4）廉洁风险评估及措施应结合企业实际，加强廉洁风险防范。

第二节　风　险　数　据

【目的】为风险的有效管控提供数据支撑，指引风险控制的焦点与方向。

一、风险数据建立与维护

（1）供应链风险归口管理部门按业务划分建立各类风险数据库，风险数据库应包括以下信息：

1）存在风险的业务；

2）危害名称及信息描述；

3）风险类型；

4）产生风险后果的条件及风险后果信息；

5）风险值及其对应风险等级；

6）可能暴露于风险的实物、资金、信息、人员及其他因素；

7）现有要求及建议控制措施；

8）措施的经济性和有效性判断。

（2）定期或在供应链业务/作业、风险状况等发生变化时，供应链风险归口管理部门应对风险数据库进行动态更新，确保与供应链业务/作业实际情况一致。

（3）供应链风险数据库应依据保密要求，确保相应层级员工能方便有效获取。

二、风险数据管控策略

（1）企业定期（一年为宜）组织编写并发布基于风险数据库的风险管控策略。风险管控策略至少应包含以下内容：

1）风险数据分析概况（含上一周期管控情况）；

2）面临的主要风险；

3）风险管控方法及其有效性分析；

4）对当前高中风险需要采取的措施及行动计划。

（2）风险管控策略应具有可检查性及持续性。

（3）企业应正式发布风险数据管控策略，并基于保密要求，控制其知晓范围。

三、风险数据应用

（1）企业应将风险数据应用于以下工作：

1）人力资源的优化与员工培训；

2）标准、流程的制订与完善；

3）业务过程/作业过程风险控制；

4）工作环境、环境保护和职业健康改造。

（2）企业应将风险数据管控策略应用于以下工作：

1）供应链风险控制目标与指标制订；

2）供应链重点工作计划；

3）供应链业务/作业中的资源分配。

第三节　风　险　管　控

【目的】确保风险控制措施的有效执行，促进风险管控效果提升。

一、风险管控流程

（1）企业应根据风险等级及重要性确定风险控制措施，分配资源，落实责任，并按照以下流程实施管控：

1）风险发布与预警；

2）风险控制措施执行与反馈；

3）新增风险动态调整；

4）紧急情况的应对措施；

5）风险管控效果监测与回顾。

（2）企业应建立信息系统开展风险管控工作，风险在线发布、传递、审批，可利用系统开展风险分析、预警，实现企业全系统风险集中管理，动态调整。

二、风险发布与预警

（1）企业每年应根据风险管控策略和资源现状，明确风险管控目标、任务和具体措施并正式发布。

（2）企业应针对基于问题风险评估结果和持续风险评估结果，对普遍性或重大的风险发布预警。

（3）供应链风险发布与预警的内容如下：

1）风险类别、风险值、风险等级以及风险发生条件；

2）风险详细信息、影响对象与范围以及风险联动控制要求；

3）风险控制措施及其责任单位/人员、完成时间；

4）紧急情况的应对措施；

5）风险控制措施执行与效果的信息反馈要求。

（4）企业可根据风险分层分级管控原则，确定各级风险发布的审批层级，确保风险管理的统一性。

（5）企业各级风险管理部门应实时关注新发布风险，组织业务机构通过举一反三工作，开展基于问题风险评估和持续风险评估工作，分析新发布风险是否存在于本领域。

三、风险控制措施执行与反馈

（1）企业应针对发布与预警的风险，逐级识别、分解风险控制措施并制订执行计划。

（2）企业应将风险控制措施执行计划纳入日常工作计划一并实施和跟踪。

（3）企业应针对风险控制措施执行过程中的差异，及时调整、优化措施并反馈。

（4）企业应在风险失控的紧急情况下执行应急措施，并根据实际进行调整，将风险影响降至最低。

（5）根据分层分级管控机制，各供应链风险控制实行分级管控，根据风险等级确定风险管控层级，但对一些特殊风险（如后果严重但频率极低的风险）可视情况开展提级管控。

1）各级供应链管理部门负责识别本单位的供应链风险，确定风险等级，制订管控措施，形成本单位的供应链风险库，并实施动态管控；

2）上级供应链管理部门应实时关注下级单位的风险变化，及时调整风险等级，各单位应及时承接上级供应链管理部门的高、中风险，确保管控措施同步实施、有效落地；

3）对高、中风险实施一级管控，制订专项措施，及时检查落实，定期向上级供应链管理部门报告进度；

4）对低风险实施二级管控，列入常态化管控重点，定期关注风险变化；

5）对极低风险实施三级管控，定期抽查风险变化。

（6）针对不同风险，实施专项和常态化管控，设置不同反馈周期，跟踪风险管控落实情况，确保风险动态、闭环管理，解决管控措施未有效落地，未有效应对变化风险等问题。

四、新增风险动态调整

（1）新增风险来源。

1）基于风险发现的途径进行分析；

2）检视原有风险库是否存在漏洞；

3）检视风险是否来源于新业务、新模式、新规则、新流程；

4）检视是否源于新的政策、法规要求。

（2）新增风险识别分析与管控。

1）对相关新增风险点重新开展风险评估策划、风险评估实施流程、风险评估对象确定、风险分析、风险评价、风险控制、廉洁风险、风险管控流程、风险控制措施执行、风险控制资源保障；

2）对风险业务流程前后端业务进行分析，是否存在关联关系，及时阻断风险链条；

3）组织对相关业务人员进行宣贯培训。

（3）新增风险管控措施再检视、再识别。

1）组织相关专家对新风险管控措施执行落地情况进行跟踪、检查；

2）识别风险管控成效以及是否最优措施；

3）回顾新增风险确认前相关风险是否产生负面影响，是否需要采取必要的补救措施。

五、紧急情况的应对措施

（1）建立预判、预案机制。

1）根据业务、内外部环境、政策以及各种突发事件、灾害，根据管理经验提前做好各种突发事件的可能分析，并制订相对应的措施预案；

2）分析应急预案实施过程中的各种风险可能性以及应对措施与保障措施；

3）组织预案作业人员提前进行学习模拟、演练。

（2）紧急情况的应对。

1）根据预案要求进行分步、分级实施，降低紧急事件的各类风险与影响；

2）超出预案的事件，完成上报审批机制，根据人员资源配置以及能力范围，适当进行授权管理，提升应急响应速度与效率；

3）建立应急措施非常态化的监督与保障机制，确保相关人员能在适当的权限范围内做出选择与判断，既防止滥权，又杜绝不作为。

（3）事件回顾分析机制。

1）根据应急情况处理过程以及所暴露问题进行风险分析；

2）研究确定是否更新相关风险库以及人员风险管理范围；

3）组织相关预案作业人员进行学习、讨论、确保预案的及时到位，风险可控在控。

六、风险管控效果监测与回顾

（1）企业应对风险控制的效果进行监测、评估，及时修正、完善风险控制措施。

（2）企业应对风险管控模式及其运转过程、风险控制措施的制订和执行进行回顾，对存在的不足进行改进。

（3）企业应关注风险处理后的剩余风险的性质和程度。将剩余风险记录在案，接受监测，酌情考虑进一步的应对处理。

第四节　变　化　管　理

【目的】识别和控制变化带来的风险，确保变化风险受控。

一、变化识别与风险评估

（1）企业应识别企业供应链管理中的变化，关注以下内容：

1）管理方面主要变化：国际形势的变化、党和国家政策、市场等变化、上级要求引起的变化、法律法规、规程、标准或制度引起的变化、组织机构引起的变化、作业组织方式的变化、业务流程变化、科技进步带来的变化；

2）作业方面主要变化：人员引起的变化、作业环境引起的变化、工器具变化引起的变化、新的作业方式应用引起的变化、相关方引起的变化。

（2）企业应对所有识别的变化可能带来的风险进行定性或定量的评估。

二、变化风险控制

企业应基于变化带来的风险评估结果采取相应的行动：

（1）修编或新建规章制度、作业标准并符合强制性要求。

（2）调整业务/作业流程，并更新相关规章制度、作业标准。

（3）采取适用的安健环控制措施。

（4）更新培训要求并对受影响的相关人员进行针对性的培训。

（5）更新应急处置程序。

（6）对涉及的所有风险进行回顾。

三、变化管理回顾

（1）企业应每年或必要时对变化管理全过程进行回顾，根据需要按程序修订、增加或废除相关的标准。

（2）企业应对变化发生的原因进行统计分析，从源头控制或减少不必要的变化。

第五节　风　险　投　入

【目的】为风险控制提供资源保障，提升其成本效益。

一、风险控制资源保障

（1）企业应对拟采取风险控制措施的有效性及其成本因素进行综合分析，确定合适的风险控制措施，并落实人、财、物等资源保障。

（2）企业应优先确保重大风险控制所需资金的投入。

（3）企业应将控制风险所需资金纳入生产经营预算，主要包括以下方面：

1）供应链风险教育培训；

2）用于风险分析、管理的信息平台建设；

3）个人防护用品与安全设备、设施配置；

4）环境与职业健康风险控制；

5）供应链风险科技研究与应用。

二、风险投入效果评估与管理回顾

（1）企业应每年对风险投入进行分析和评估。

1）投入的资源及成本；

2）避免的潜在损失；

3）消除或减轻风险的效果；

4）节约的成本；

5）其他显性/隐性收益。

（2）企业应每年或变化发生时对风险投入的针对性、合理性和有效性进行回顾，对存在的不足进行改进。

第二篇

供应链各专业风险管理

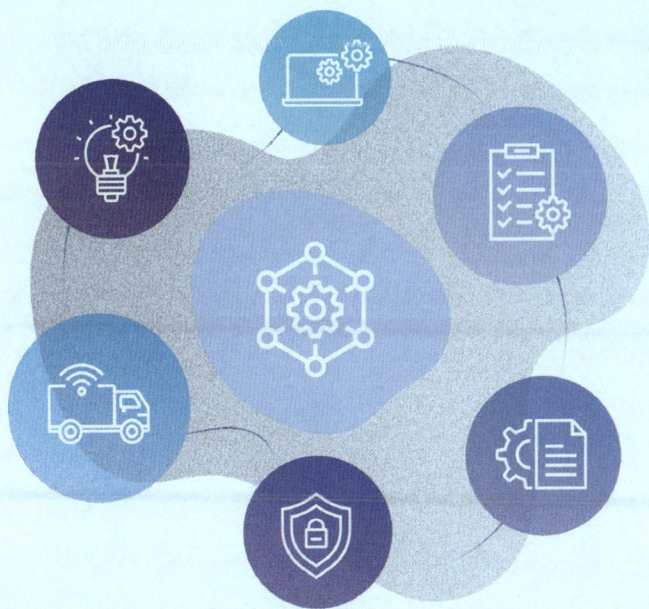

第五章 采 购 管 理

采购管理环节风险评估目的：识别供应链采购管理环节潜在的风险，并采取控制措施，管控采购过程中发生的风险。

第一节 采 购 风 险 管 理 概 要

一、采购管理环节风险识别

（1）采购管理环节风险是指采购管理活动涉及的风险。采购管理环节包括需求计划管理、采购管理、合约管理、采购平台等环节的法规执行、标准制定、制度制订及执行、相关业务管理、检查及监督工作。

（2）结合实际情况合理选取采购管理风险识别方法，系统分析管理体系中存在的问题，识别采购管理环节风险。

（3）开展采购管理环节风险识别范围包括以下环节：

1）采购策略制订；

2）采购技术标准管理；

3）采购需求计划管理；

4）采购方案编制；

5）采购文件编写；

6）供应商管理；

7）评标现场管控；

8）评标专家管理；

9）电子商城管理；

10）合同管理；

11）信息系统支撑；

12）招标代理机构监管；

13）外部环境约束。

（4）企业对采购管理环节风险进行常态化研究，对采购风险进行动态识别、对风险库进行实时更新。

二、采购管理环节风险评估

（1）企业应确定采购管理环节风险分析方法，针对采购管理风险进行评估。

（2）企业在做采购管理环节风险评估时应重点关注以下方面：

1）采购策略是否科学、合理、合规；

2）采购技术规范是否符合技术标准要求；

3）采购需求计划是否完整、准确，采购需求的紧急和重要程度；

4）外部环境变化对采购带来的影响，如政策指引、国际形势变化、原材料价格变化等；

5）采购需求的紧急性和重要性；

6）采购合规性（如采购方式合规性、关联交易的规范性）和必要性；

7）采购流程设置是否合理、高效；

8）采购过程是否规范；

9）采购时间是否满足要求；

10）采购价格是否合理；

11）合同的严密性、准确性和合规性；合同履约过程是否规范；

12）电子商城权限设置的合理性；

13）信息系统数据的保密性；

14）招标代理机构的专业水平；

15）组织机构设置是否合理。

（3）基于问题启动采购风险评估，并基于风险评估结果动态更新采购风险库。

1）采购管理的最新政策、法律法规、制度要求；

2）采购管理中发现的问题；

3）采购管理流程的变化；

4）采购平台的变化；

5）廉洁问题负面清单；

6）外部环境变化。

（4）采购管理环节风险评估结果应为各流程优化、制度修编、前后端业务管理提供依据。

（5）采购管理环节风险评估结果应及时反馈至供应链各业务环节及各相关方，以制订并落实整改措施。

三、采购管理环节风险管控措施与方法

（1）企业应通过风险评估确定风险类别、风险等级和相应的风险管控措施。管控措施的确定应考虑以下因素：

1）国家政策、法律法规、规章制度、采购规程的要求；

2）资源配置；

3）管控措施的有效性；

4）效益成本分析。

（2）企业应制订标准的采购管理制度及相关业务指导文件。

四、采购管理环节风险管控效果监测与回顾

（1）企业应对采购管理环节风险管控的效果进行监测、评估，及时修正、完善风险控制措施。

（2）企业应对采购管理环节风险管控模式及其运作过程、风险控制措施的制订和执行进行回顾，对存在的不足进行优化、改进。

第二节　需求制订过程风险管理

一、识别对象

（1）风险管理对象。包括采购目录制订、技术规范书编制、采购需求预测、需求计划申报、变更、执行的全过程。

（2）风险管控目的。控制采购需求计划中潜在的风险，确保合法合规，准确、及时；推进采购集约化、标准化管理，识别采购目录管理环节各种潜在风险，并采取控制。

（3）风险产生原因。存在违反制度规定、廉洁纪律、企业合法权益受损、采购标的物品质无法保证或无法正常交付、履约无法按期完成等风险。主要原因包括采购目录管理不科学、采购技术规范管理不到位、需求预测不准确、需求计划申报不及时、框架招标需求分配与框架协议要求不相符、监督检查不到位等。

二、建立机制

（1）职责界面。需求管理部门制订申报原则和制度标准，完善需求申报的监督审核；各专业业务部门负责制订技术规范书并确保技术规范书的标准化、合规性、完整性。各层级分子公司（需求管理部门）负责本单位需求管理和监督。

（2）管控机制。

1）巡查监督机制。在需求预测、需求计划按线条的基础上，建立起责任区域自我检查的自我监督机制。

2）任务观察机制。对需求预测、收支、提交的活动实施任务观察，对比作业标准（作业指导书）收集管理和作业活动中人员行为、作业方法、工作标准存在的问题，跟踪员工接受培训后有效应用所学知识的效果。

3）审核机制。不断总结经验，寻找采购风险管理体系运行过程中好的做法和需要改进的问题，促进体系持续、有效运行。

4）纠正与预防系统。通过机制运作将运行过程中存在的问题集中纳入纠正与预防系统中，并进行跟踪改进，并实时完善作业风险库，并予以比对监督。

5）明确范围权限。根据法律法规和采购风险评估结果，划定采购范围及审批权限，实行需求填报责任制。各需求单位实行年度需求预测工作并完成审批流程。根据投资计划，制订完善需求申报工作。根据采购权限分类制订需求申报的审批权限，明确需求标的的适用标准或使用规范。

三、采购目录管理

企业应建立统一的采购目录，提升运维作业标准化、库存物资管理集约化、采购成本最优化、库存成本最小化的目标，在制订时需考虑以下因素：

（1）采购目录的制订及管理层级以提升采购效率。

（2）采购目录的专业性要求。

（3）采购目录的动态更新要求。

（4）采购目录的采购权限规定。

（5）历史采购经验总结情况。

四、采购技术规范管理

（1）采购技术规范应遵循"统一技术规范、统一参数接口、统一选型配置"的原则。编制采购技术规范书，需考虑以下因素：

1）技术规范书的标准化、完整性；

2）技术规范书的合规性；

3）技术的先进性、经济性；

4）技术规范书与招标评分标准的关联。

（2）企业应建立品类优化清单和采购技术标准体系的联动机制，建立采购技术规范书的公示机制，建立采购技术规范书的推广运用机制。

五、准确做好需求预测

（1）企业应按照"提前介入、加强预测、分级管理、准确需求"的原则开展需求计划管理，明确需求管理职责，分层建立需求计划管理机构，并可根据专业类型，对各级需求逐级进行审核。

（2）企业应建立需求预测数据分析模型，减小需求预测与实际需求差异。

（3）企业应采用数据分析、问题分类、责任追究、情况通报等方式开展采购需求预测管理事件分析及处置工作。

六、需求申报

企业应制订采购需求计划申报标准。企业应开展以下采购需求整合管控：

（1）投资计划。

（2）采购目录。

（3）企业应开展采购前闲置物资再利用工作。

（4）企业应严格执行需求计划申报标准，如需求方、资金来源、交付时间、概算金额、技术规范义件、特殊需求应经专业管理部门、专业技术部门审批。

七、框架招标需求分配

（1）企业应制订框架招标物资、电子商城物资框架协议需求分配原则。

（2）企业应对框架协议需求分配的情况分析统计，加强与需求部门及需求管理部门的沟通。

1）按照月度开展需求分配数据的分析统计；

2）按框架协议进行异常处理；

3）对分配中存在的问题进行改正。

（3）企业应制订特殊需求分配管理措施，如制订相应的审批流程，人工调整的操作流程；制订违反规定的问责机制。

第三节 采购过程风险管理

一、识别对象

（1）风险管理对象。包括采购策略制订、采购实施、采购专家管理、异议与投诉处理全过程的所有参与人员。

（2）风险管控目的。保障参与采购活动的当事人合法权益，全面落实资产全生命周期管控要求，从采购需求提出的采购源头加强准入安全质量管理，实现采购的质量、成本和效率综合最优。

（3）风险产生原因。存在违反法律法规和廉洁纪律、采购当事人合法权益受损、采购物品质量不合格等风险。主要原因包括采购策略不科学、采购技术规范书不符合技术标准要求、审批不严格、采购过程不规范、监督检查不到位、设备标准化要求未落实、设备型号审查结果未应用等。

二、建立机制

（1）职责界面。采购管理部门制订总体原则和制度标准，完善监督机制；各专业业务部门负责制订技术规范书。各层级分子公司（采购管理部门）负责本单位采购管理和监督，开展属地化采购，管理本单位采购专家。

（2）管控机制。

1）巡查监督机制。在采购按线条或分段式的基础上，建立起责任区域自我检查的自我监督机制。

2）任务观察机制。对采购领域的活动实施任务观察，对比作业标准（作业指导书）收集管理和作业活动中人员行为、作业方法、工作标准存在的问题，跟踪员工接受培训后有效应用所学知识的效果。

3）审核机制。不断总结经验，寻找采购风险管理体系运行过程中好的做法和需要改进的问题，促进体系持续、有效运行。

4）纠正与预防系统。通过机制运作将运行过程中存在的问题集中纳入纠正与预防系统中，并进行跟踪改进，并实时完善作业风险库，并予以比对监督。

三、采购过程管控

1. 采购策略选择

企业应定期修编采购策略，确保采购质量、效率、效益及规范性的综合最优。修编时应考虑以下因素：

（1）采购标的需求状况及品类特性。

（2）采购标的市场供应情况。

（3）采购标的单价及总价情况。

（4）采购标的往年异议投诉情况。

（5）采购廉洁问题。

（6）采购策略应文件化，视情况纳入保密范围。

（7）企业应采取措施，确保采购策略得以执行。对未执行采购策略的，需确定审批流程。

（8）企业应对采购策略环节风险管控的效果进行监测、评估，及时修正、完善风险控制措施，对采购策略环节风险管控模式及其运作过程、风险控制措施的制订和执行进行回顾，对存在的不足进行改进。

2. 制订采购计划

（1）企业应综合考虑投资计划、采购资源情况以及历年采购需求，制订并发布年度采购计划，制订时需关注以下问题：

1）采购计划与采购目录的适宜性；

2）采购计划的分层管理要求；

3）各类采购方式的要求；

4）采购计划与年度投资计划的契合度；

5）特殊情况处理。

（2）企业应根据往年主要设备材料供货周期，编制主要设备材料指导供货周期。考虑对重要项目物资按照供货周期，确定供货计划。

3. 编制采购方案

（1）企业应编制采购方案标准模板。

（2）企业按照法律法规及相关规定对采购方案开展编制、审查，审查中应重点关注以下问题：

1）采购方式的选择：① 依法必须招标的项目必须进行招标；② 不是必须招标的项目可以采用非招标方式；③ 直接采购项目适用性及审批流程；

2）资格条件：重点关注专用资格条件；

3）标包划分：重点关注潜在市场和交货周期；

4）评标标准：① 评分标准合理、可量化；② 供应商评价结果应用；

5）技术规范：符合国标、国际标准等相关要求，符合绿色、节能、环保、低碳和持续发展需求；

6）专家抽取：满足招标管理相关专家使用要求。

（3）企业应按照项目采购金额、目录等分类明确采购项目的审批权限。

（4）企业应制订采购方案前置审查标准，明确审查范围、人员、流程和审查重点。

4. 编制采购文件

（1）企业应编制采购文件模板，内容如下：

1）采购公告（含采购计划预告）；

2）投标人须知；

3）评标办法；

4）合同条款及格式；

5）技术标准和要求；

6）投标文件格式；

7）其他要素。

（2）企业应按照采购文件模板编制采购文件，采购文件内容与采购方案一致。

（3）企业应制订采购文件审查标准，明确审查权限、流程。

5．售标、开标

（1）企业应严格按照售标、开标流程开展工作。

1）采购文件发布平台符合国家相关规定；

2）采购文件发售时间、开标时间符合法定时间要求；

3）投标人信息保密要求。

（2）企业应按照法律法规的要求进行澄清、答疑、现场踏勘、投标样品交付等相关活动。

6．评标

（1）企业应制订评标现场工作指引。

（2）企业应组织项目评标人员召开标前会，重点关注以下内容：

1）廉洁教育，强调评标专家须独立评审；

2）评标流程，尤其是横向评审法；

3）采购项目背景、项目特点等。

（3）企业应组织专家按照采购文件确定的标准开展评标。专家可要求投标人对投标文件进行澄清，但应关注以下内容：

1）澄清不影响采购的公平、公正；

2）澄清方式形成文件并记录。

（4）企业应组建评标委员会。评标委员会需关注以下内容：

1）委员会主任确定方式；

2）人员的组成及专业性；

3）专家权利与义务。

（5）评标工作应封闭进行，做好评标保密和对外通信联络的控制工作。

（6）所有评标资料在评标期间不得携带出评标现场。

（7）任何单位和个人不得非法干预、影响评标过程和结果。

（8）企业应加大监督力度，未按评标标准进行评标的，应及时纠正。如后评价、现场监督。

7. 定标

（1）企业应成立相关机构负责采购项目的决策工作。

（2）企业应按照国家相关法律开展中标公示，公示内容、公示范围均必须符合相关法律要求。

（3）企业应按照采购文件要求确定中标候选人。

（4）企业应按照项目分类明确采购项目的审批权限。如采购金额、采购目录。

8. 招标代理机构管理

（1）企业可按照法律要求，选择招标代理机构承接本企业采购活动，应加强代理机构的管理及评价，建立招标代理机构管理制度，要求招标代理机构建立内控机制，对采购过程进行过程管控，促进代理机构不断提升专业能力和服务水平。

（2）企业应与招标代理机构签订合同，约定服务内容及双方职责，明确招标代理机构的保密义务。

（3）企业应要求招标代理机构制订作业标准及服务规范。相关标准及规范如下：

1）评标委员会评标现场作业标准；

2）工作人员评标现场作业标准；

3）采购信息公示作业标准；

4）采购投诉处理作业标准；

5）评标基地服务规范。

（4）评标现场操作业务规范重点关注以下内容：

1）评标现场各类人员职责；

2）评标现场廉洁教育；

3）评标现场工作纪律；

4）异常事件报告及处理。

（5）企业应要求招标代理机构制订内部廉洁风险防控机制。

1）廉洁风险点分析；

2）廉洁风险防控措施。

（6）企业根据委托内容可要求招标代理机构做好招投标过程档案资料的整理及保管。

（7）企业应采取定期检查和随机抽查的方式，开展招标代理机构的监督管理，对监督检查发现的问题，实施闭合管理。

（8）企业应对招标代理机构管控模式及其运作过程、风险控制措施的制订和执行进行回顾，对存在的不足进行改进。

9. 评标基地管理

（1）企业可制订评标基地建设标准，并按照标准建设或租赁评标基地，确保评标过程音视频监控、采购全过程留痕。

（2）企业应开展评标基地信息管控工作，阻断所有干扰评标信息进入评标现场。

1）对评标专家、工作人员、服务人员做好廉洁风险防控工作；

2）开展基地封闭管理；

3）从技术上加大信息安全防控力度，确保音视频资料妥善保管；

4）建立远程异地评标的标准与规范，并完善相关的技术措施与手段。

（3）企业应开展评标基地廉洁文化建设。

（4）评标基地运营单位按照"集约高效、资源共享"的原则制订整体使用计划，确保评标基地高效利用，落实廉洁保密责任及措施。

（5）企业应统筹各级评标基地资源，积极开展远程异地评标工作，通过属地化监督，保障各评标现场评审有序。

（6）企业应开展基地定期维护和用户意见收集工作，确保基地安全稳定运行，持续提升对评标专家的服务水平。

（7）企业应对评标基地管控模式及其运作过程、风险控制措施的制订和执行进行回顾，对存在的不足进行改进。

10. 专家管理

（1）企业应明确评标专家、招标人代表、监督专家标准，建立统一专家库，开展专家培训、认可与激励工作，提升业务能力。

（2）企业应确定评标专家抽取原则、招标人代表抽取或委派原则，专家抽取应重点关注以下内容：

1）专家履职次数；

2）专家抽取时间；

3）专家到达时间及集中地点；

4）信息发布方式；

5）专家的回避原则。

（3）企业应积极探索"评定"分离机制，建立评标专家与招标人代表、评标委员会与招标领导小组的相互制衡机制。

（4）企业应加强评标专家、招标人代表廉洁教育，所在部门和党组织加强日常教育、监督管理。

（5）企业应明确监督专家现场监督职责，对评审现场发生的问题应及时提醒纠正并如实记录。监督专家不得参与评标专家讨论以及不能干预正常评标活动。

（6）企业应建立评标专家考核机制，对不良行为实施考核。

11. 采购管理廉洁风险管控

（1）企业应注重思想教育。

1）建立廉洁提醒常态机制；

2）以案例明法纪促整改。

（2）企业应提高采购客观性。

1）供应商评价结果应用；

2）统一设备选型；

3）标准技术规范；

4）推行计算机辅助评标、远程异地评标等电子化管理方式。

（3）企业应开展招标环节廉洁风险防控。

1）需求整合；

2）采购方案前置审查；

3）减少专家的自由裁量权；

4）横向评审法评标；

5）智能评标等辅助工具的应用；

6）现场监督；

7）后评价监督；

8）监理异议、投诉、重评等发现问题、纠错的渠道与程序。

（4）企业应开展采购人员廉洁风险防控。

1）关键岗位轮岗排查；

2）专家管理；

3）招投标过程信息保密；

4）评标过程规范管理。

【案例分析】

❖案例 1：某大型集团化企业原各单位自行组织开展职工体检采购，由于供需平衡问题，采购工作经常出现采购失败等问题，经集团公司研究开展集中采购，形成规模效应，采购成功率大幅提升，采购成本大幅度降低。问题分析：及时修正、完善采购策略，有效防范采购失败风险。

❖案例 2：某招标代理公司为某集团属下多个独立法人单位提供服务，发现多个采购方的采购需求存在共性，经协商选取联合采购模式发挥规模效应，降低采购成本。问题分析：结合实际调整采购计划，创新采购实施方式，利于提升采购整体效能。

第四节　电子商城采购风险管理

【目的】为防范电子商城运营、管理风险，提升电商采购规范化水平，提高采购效率、集中度和服务水平。

一、专区及专业板块管理

（1）企业应建立电子商城管理制度，明确管理职责。

（2）电子商城可根据服务范围、对象性质进行分类，并通过制度明确经营、服务范围。电子商城可分为：

1）内部采购专区。按集中与区域性，分层分级管理，可分为一级、二级专区等；

2）企业商城；

3）个人商城。

（3）企业应设立专门机构或人员负责电子商城管理工作，配备符合要求的电子商城管理人员，实施电子商城的策划和管理活动，规范电子商城管理的实施程序和控制要求，确保商城管理的规范、廉洁、高效。

二、目录管理

（1）企业应对电子商城采购目录实施分级管理，明确上架商品性质、审批及发布权限，对执行中的变更管理进行约束。

（2）企业应对各级电子商城上架物资目录进行管控，避免同一品类重复在不同专区上架，杜绝非电子商城目录上架交易。

（3）企业应明确电子商城采购目录执行要求，对缺货物资风险进行防范。

三、电子商城供应商管理

（1）企业应建立供应商的统一管理体系，电子商城供应商管理纳入该体系管控。

（2）企业应建立制度，明确电子商城供应商对其生产、代理产品的合同、履约、品控、售后服务等管理负责。相关管理制度应进行公示。

（3）企业应通过信息平台开展供应商管理工作，供应商在该平台可以开展注册、开店、上架、交易等工作。通过该系统需掌握但不限于下列信息：

1）账户信息、企业信息；

2）法人代表、联系人信息；

3）银行账号信息；

4）商品信息；

5）交易信息。

四、商品交易管理

（1）企业应建立电子商城上架商品的交易管理制度，建立商品比价机制，防范定价风险。

1）同一时期、同一品牌、同一型号的商品在不同平台（如企业内电子商城、企业外电商交易平台）的定价情况，是否维护企业利益；

2）同一时期、同一品牌、同一型号的商品在本企业平台的定价情况，是否对选购高价进行约束；

3）供应商是否按订单配货。

（2）企业应合理设置商品交易管理及操作权限，确保不相容岗位分离。不相容岗位包括但不限于：

1）申购人与审批人；

2）收货人与申购人。

（3）企业应加强电子商城采购预算管理，防范无计划采购风险；开展支付管理，防范支付过程风险。付款凭证包括但不限于：

1）订单；

2）发票；

3）到货签收单（或入库单）。

（4）企业应开展商品日常审核，建立审核标准或负面清单。审核内容包括但不限于：

1）商品价格、规格、型号、图片等信息；

2）折扣率、协议报价；

3）质量情况。

（5）企业应开展商品上架审核，审核内部包括但不限于：

1）价格符合协议约定；

2）条码齐全；

3）图文描述、规格型号详细、单位准确；

4）分类正确。

（6）企业应对已上架商品价格、商品信息合规性、动销率低的商品进行稽查处理，对稽查发现的运营管理问题提出稽查意见，对异常订单实施监控及处理，防控运营风险。

五、电子商城系统及数据安全管理

企业应对系统管理建立制度，明确归口管理部门，确保系统数据安全受控。

（1）商城系统数据及运营稽查资料应在规定期限内妥善保管，不得随意删除采购过程文件。

（2）内部采购专区的账号权限统一管理。

六、电子商城管理廉洁风险管控

企业应对电子商城涉及业务开展全过程风险梳理，识别廉洁风险，合理授权，加强监督。重点关注下列风险：

（1）申报人与验收人同一人；

（2）商城供应商采购中的廉洁风险；

（3）需求人有意选择高价产品；

（4）供应商为获取订单，行贿需求人员；

（5）送货与订单不一致；

（6）稽查中的廉洁风险。

第五节　合约风险管理

【目的】为防范合约风险，规范合同管理，提升企业管理水平，维护双方合法权益，争创企业经济效益。

一、合同标准文本管理

（1）企业应建立合同管理制度，明确合同管理职责，设立专门机构或人员负责合同管理工作。

（2）企业应配备符合要求的合同管理人员，实施合同的策划和编制活动，规范合同管理的实施程序和控制要求，确保合同文本、合同订立和履行过程的合规性。

（3）企业应建立合同标准文本库及管理程序，及时更新、发布标准合同文本，保证及时获取。

（4）合同标准文本应考虑以下要求：

1）需依从的法律法规及相关要求；

2）合同条款的完整性和准确性；

3）标准文本应用范围。

二、合同签订

（1）企业有合同标准文本的，须使用合同标准文本，否则需经相应程序批准。

（2）合同订立前，企业应进行合同审查，完成对合同条件的审查、认定和评估工作。

（3）以招标方式订立合同时，企业应对招标文件和投标文件进行审查、认定和评估，合同的标的、价款、质量、履行期限等实质性条款应当与招标文件和中标人投标文件的内容一致，招标人和中标人不得再行订立背离合同实质性内容的其他协议。

（4）合同审查发现的问题应书面提出，并要求澄清或调整。审查应考虑以下因素：

1）合同的合法性、合规性；

2）合同的合理性、可行性；

3）合同的严密性、完整性；

4）专利、专用技术或者著作权等知识产权管理；

5）合同签订双方主体资格的审核；

6）采购产品/服务内容的明确；

7）履约能力；

8）合同风险评估。

（5）企业应依据合同审查和谈判结果，按程序和规定订立合同。采购合同谈判与订立不能违背采购结果或者超出采购结果范围，不得针对采购关键要素进行谈判。

（6）合同订立应符合下列规定：

1）合同订立应是企业的真实意思表示；

2）合同必须以书面形式订立,但金额小于人民币 5 万元且能及时结清并取得发票等相关交易凭证的除外；

3）合同应由当事方的法定代表人或其授权的委托代理人签字或盖章；合同主体是法人或者其他组织时，应加盖单位（合同）印章；

4）法律、行政法规规定需办理批准、登记手续后合同生效时，应依照规定办理；

5）应在规定时间内完成合同签订，符合中标（采购）通知书发出之日起 30 日内完成合同签订要求。

三、合同执行

（1）除因自然灾害、事故抢修等不可抗因素导致的紧急采购无法在实施前及时签订书面合同情况外，未签订合同或合同生效前，不得实际履行。

（2）合同订立后，合同双方当事人应严格按照合同履行相应的权利和义务。

（3）企业应在合同执行过程定期或不定期进行合同执行情况跟踪，查找合同执行中的偏差，拟定措施。

（4）当合同对方当事人不履行或不全面、不适当履行合同时，承办部门应依法采取措施，督促合同对方当事人全面、及时履行。

（5）在合同履行过程中应考虑以下问题：

1）合同履行时的外部环境因素，包括但不限于政治因素、经济因素、社会因素等；

2）合同支付管理包括合同预付款管理、合同票据的管理、合同支付过程管理；

3）合同履约事件的处理；

4）合同违约责任的处理。

（6）企业应按照规定实施合同索赔的管理工作。索赔应符合下列条件：

1）索赔应依据合同约定或法律规定提出；

2）索赔应全面、完整地收集和整理索赔资料；

3）索赔意向通知及索赔报告应按照约定或法定的程序和期限提出；

4）索赔报告应说明索赔理由，提出索赔金额及工期。

（7）合同实施过程中产生争议时，应按下列方式解决：

1）双方通过协商达成一致；

2）请求第三方调解；

3）按照合同约定申请仲裁或向人民法院起诉。

四、合同变更/终止

（1）变更或终止合同，须符合法定或约定的形式及程序，其通知或答复须在法定或约定期限内作出。合同变更应考虑的内容如下：

1）合同变更允许范围；

2）合同变更审批规范性；

3）变更或变更异议程序和期限；

4）合同变更成本；

5）合同变更签订。

（2）合同订立后，遇到合作方违约可能损害到企业利益的情况下，可采用终止合同的方式维护企业利益，但在合同终止时应考虑的内容如下：

1）合同终止的合法、合规性；

2）合同终止通知义务的履行；

3）合同终止后的后续事项约定；

4）企业黑名单管理的相关要求与程序必须符合法律法规相关要求。

五、合同归档

合同履约完成后，企业应按相关规定完成合同归档。归档资料应包括但不限于：

（1）采购过程文件。

（2）合同文件。

（3）支付资料。

（4）合同变更/取消文件。

（5）合同履约事件处理文件。

（6）合同纠纷处理文件。

六、合约管理廉洁风险管控

（1）企业应制订合同管理制度，合理授权，加强监督，实现管办分离。

（2）企业应重视合同审查制度，确保关键条款信息准确、合理、合规。

（3）企业应对合同签订进度、合同款支付进度、支付支撑资料进行关注。

（4）企业应对合同变更/终止进行关注。

（5）企业应对合同执行情况进行跟踪，对于未索赔事项进行关注。

（6）企业应对履约事件处理合理、合规、合法性进行关注。

（7）企业应加强业务人员的廉洁教育的培训、廉洁意识的培养。

【案例分析】

❖**案例 1**：某年，在某次合同规范性检查中发现某单位存在中标通知书发出超过 30 天未签订合同的现象存在。问题分析：应在规定时间内完成合同签订。

❖**案例 2**：某年，某公司在未签订合同时进行供货，后因框架分配时，未将需求分配到该公司，导致该公司无合同可履行。问题分析：未签订合同或合同生效前，不得实际履行。

❖**案例 3**：某年，某单位因收取的发票未在发票有效期内进行税务抵扣，给公司带来税务损失。问题分析：合同票据的管理不到位。

❖**案例 4**：2018 年 11 月 9 日，国务院总理李克强主持召开国务院常务会议，决定开展专项行动，解决拖欠民营企业账款问题。针对该问题某公司开展专项工作，累计清理逾期民营企业账款 2.3 亿元。问题分析：因合同支付过程管理不到位，导致拖欠民营企业账款问题。

❖**案例 5**：某单位某次合同规范性检查中指出，物资合同解除手续不规范，存在无供应商手续直接取消合同情况。问题分析：因合同解除手续不全，导致合同解除缺乏合法合规性，存在给企业带来法律纠纷的风险。

❖**案例 6**：某年，在某次合同规范性检查中某单位被抽取的合同无法提供纸质合同。问题分析：企业未应按相关规定完成合同归档。

❖**案例 7**：某大型企业中标某海外项目后随即开启国内采购。在采购签约过程中，项目经理发现某主要设备因部分细节存在异议，合同迟迟未能签署，当即进行风险识别并及时加以管控。最终在供需紧张的情况下（厂家排产计划紧张）及时签订合同安排生产，在限定期限内完成了供货，避免工期原因造成经济损失。问题分析：对签署合同及时性风险进行识别，确保采购项目如期交付投运，避免造成损失。

❖**案例8**：某大型政府扶持项目，规定在限期内完成投产并试运行，政府给予一定的奖励与税收优惠。某实施单位按期推进项目总体工作，在项目接近尾声期间，突发恶劣天气影响，导致某重要物资无法按原计划路径进行配送到货。由于该单位提前进行供应商履约措施与能力的风险评估，立即按要求启动应急预案调整配送方式、路径，最终在限定期间内完成了项目的投产、试运行，获得相关的政府奖励与税收优惠达400万。问题分析：制订有针对性的应急预案有助于各项履约风险的防范。

第六章 供应商管理

第一节 供应商风险管理概要

【目的】识别供应商管理潜在的风险，并采取控制措施，管控供应商管理中存在的各类风险。

一、供应商管理环节风险识别

（1）企业应确定供应商管理环节风险的方法，系统分析管理体系中存在的问题，识别供应商管理体系风险。

（2）开展供应商管理环节风险识别应考虑以下要素：

1）供应商寻源与价格分析；

2）供应商登记注册；

3）供应商评价标准；

4）供应商资格审查；

5）供应商现场核实；

6）供应商信用管理；

7）供应商评价管理；

8）供应商整改验收；

9）供应商履约；

10）供应商沟通联系与行为约束。

二、供应商管理环节风险评估

（1）企业应确定供应商管理环节风险评估方法，针对供应商寻源、登记、资格审查、评价、信用、分类分级和关系维护等风险进行风险评估。

（2）供应商管理环节风险评估时应重点关注以下要素：

1）供应商市场调查的充分性；

2）供应商评价标准的合规性和完整性；

3）供应商评估人员的专业性和廉洁性；

4）供应商信息交互的及时性和全面性。

（3）当企业出现下列情况时，应进行基于问题的供应商风险评估，并基于风险评估结果动态更新供应商风险数据库。

1）外部环境变化；

2）供应商管理的最新要求；

3）供应商管理平台的变化；

4）供应商诚信事件；

5）廉洁事件。

（4）供应商管理环节风险评估结果应为本业务各流程优化、制度修编、供应链其他业务管理提供依据。

（5）供应商管理环节风险评估结果应及时反馈至供应链各业务环节及各相关方，以落实整改措施；涉及违反廉洁从业等问题，应移交至纪检（监察）机构。

三、供应商管理环节风险管控措施与方法

（1）企业应通过风险评估确定供应商管理环节风险等级和相应的风险管控措施，管控措施的确定应考虑以下要素：

1）法律法规、规程规章、采购标准的要求；

2）供应商供应情况分析；

3）供应商生产能力、安全管理能力、交付能力、节能环保能力等分析；

4）资源配置；

5）管控措施的有效性；

6）效益成本分析。

（2）企业应制订标准的供应商管理业务指导文件，文件应经过审核和批准。

四、供应商管理环节风险管控效果监测与回顾

（1）企业应对供应商管理环节风险管控的效果进行监测、评估，及时修正、完善风险控制措施。

（2）企业应对供应商管理环节风险管控模式及其运作过程、风险控制措施的制订和执行进行回顾，对存在的不足进行改进。

五、供应商管理廉洁风险管控

（1）企业应建立与供应商的交流渠道。

（2）企业应建立供应商服务、评价人员的职业道德培训机制。

（3）企业应合埋设置供应商服务、评价人员职责，岗位不相容。

（4）企业应重视供应商异议、投诉及举报处理工作，对涉及人员行为进行关注及管理。

（5）重视供应商现场核查人员的廉洁教育及风险防范。

第二节　供应商寻源

【目的】控制供应商寻源过程中潜在的风险，确保供应商寻源的充分性。

一、编制供应商寻源计划

（1）企业应明确寻源目标，供应商市场调查内容如下：

1）市场的资源量、需求量，并确定市场类型、市场周期和市场的发展

前景；

2）市场的法制环境、经济环境、政治环境、文化环境和供需环境；

3）供应商的生产能力、技术水平、价格水平等综合实力及各供应商在市场中所占份额。

（2）企业应制订寻源供应商筛选标准，制订供应商寻源计划。

二、收集供应商资料

企业应收集供应商的基本信息，关注以下内容：

（1）企业基本信息；

（2）财务信息；

（3）采用的材料零件信息；

（4）供应商设备信息；

（5）质量验收与管理办法；

（6）采购合同信息；

（7）付款方式要求。

三、供应商登记

（1）企业应制订发布供应商登记流程，建立供应商统一登记平台，供企业相关方、供应商实时查询，并将与供应商权利义务密切关系的规定进行公告，公告的内容包括但不限于：

1）供应商登记流程；

2）供应商资格预审情况；

3）供应商评价结果情况；

4）供应商不良行为处理情况；

5）企业涉及供应商管理的相关制度规定。

（2）企业应按照供应商登记流程完成供应商登记，重点关注以下内容：

1）登记资料的真实性；

2）审查的时效性。

（3）通过登记资料审核的供应商即成为登记供应商，登记供应商实行统一编码管理。

（4）企业应对已登记信息的变更进行管理，确定变更流程、变更方式。

【案例分析】

❖**案例1**：某单位某型号设备专项招标中，某型号设备因只有1家公司投标，导致招标失败。后了解到，该型设备在市场上只有1家公司生产。问题分析：由于市场调研不充分，导致招标失败，影响采购效率。

❖**案例2**：某大型抢险救灾工作当中，某大型企业迅速查阅企业在册供应商名录以及政府相关部门的行业信息指引，及时扩充联系具备相关货物供应能力的企业组织开展应急物资供应，为抢险服务工作赢得时间和信誉。问题分析：加强供应商寻源是确保采购效率和应急供应的一大保障措施。

❖**案例3**：某大型企业由于国际贸易形势变化，其正常原材料供应受到巨大冲击，该企业立即组织开展后备供应商调配工作，避免因市场波动造成巨大经济损失。问题分析：建立后备供应商库是保持稳定经营、防范市场波动的重要手段。

第三节　供应商评价

【目的】控制供应商评价过程中潜在的风险，确保供应商评价的客观公正性。

一、供应商评价标准

企业应建立供应商评价标准，从下列维度进行评价：

（1）资质能力评价。主要对重要品类的登记供应商软硬件综合实力开展评价。

（2）履约评价。主要以项目或合同为评价单元，对供应商履约行为开展评价。

（3）运行应用评价。主要根据工程、货物和服务等项目从投入使用直至退出使用全过程开展评价。

二、供应商评价过程

（1）企业可采用多种方式（资料审查、现场核实）开展供应商评价工作。

（2）供应商评价工作重点关注以下内容：

1）评价人员的专业性；

2）评价工作的合规性；

3）评价内容的全面性；

4）评价结果的准确性；

5）评价工作廉洁管控。如评价人员、供应商签订廉洁协议；

6）异常事件处理。

三、供应商评价结果

（1）供应商评价结果须经审核批准后，方可发布、运用。

（2）企业应公开供应商评价结果，汇总分析各业务领域供应商评价情况，协助相关职能部门定期与供应商沟通反馈存在问题，督促和引导供应商改进提升。

（3）供应商评价结果在采购方案及采购文件应用时，予以明确说明。

1）明确评价结果的运用方式；

2）评价结果的准确性核查。

四、供应商信用管理

（1）企业应建立供应商信用评价标准，对失信供应商根据其行为进行处罚，明确处罚形式、处罚标准、处罚流程、整改验收流程。

（2）企业应对供应商行贿、涉嫌行贿行为和违反诚信、失信行为信息进行记录，建立将相关记录运用到采购结果的流程。

（3）企业可根据供应商在下列事件中的表现，按照有关规定提出相应的激励或处罚措施建议。

1）应急抢险配合情况；

2）产品或服务质量情况；

3）管理或技术协作情况；

4）合同履行情况。

（4）企业可将供应商信用处罚、激励结果应用于采购活动中，处理结果应进行公布。

五、供应商分类分级

（1）企业应根据供应风险和收益影响对采购品类进行分类，并对相应供应商开展分级评价，按照国家法律、法规和企业有关规定制订相应的管理策略。

（2）企业应制订发布供应商分类的等级制度，明确评价维度、运用范围、审批流程，评价维度可从以下几方面考虑：

1）资质能力评价；

2）履约评价合同履行情况；

3）运行应用评价；

4）信用记录。

（3）企业应根据分类分级标准开展供应商分类分级管理，可根据分类分级评价结果对供应商实施相应管理策略，应根据供应商信用情况动态调整其分级。

【案例分析】

❖**案例 1**：某采购方为确保采购人权益，在采购管理制度明确首次中标供应商需进行供应商信息核对，并在采购文件当中予以明确。某采购项目中标供应商首次中标后，该采购人组织相关专家进行供应商现场核实，发现该供应商存在产能造假情况，对实际采购标的物供应可能存在履约及时性的风险。立即启动专家及法律团队进行研判，最终依照相关法律条文以及招标文件的相关条文，取消该供应商的中标资格。问题分析：强化供应商产能复核，避免物资采购履约风险。

❖**案例2**：某大型设备生产标准中的对某检测项的检验设备与检验环境缺少国家标准、行业标准要求，致使各个生产企业存在标准不一的情形。根据设备运行效能信息分析，该检验设备、检验环境、检验标准有进一步规范、统一的需求，为此各个需求单位逐步在各自的供应商评价标准当中，对该检测项进行明确评价，推动生产企业不断优化提升。问题分析：供应商现场考评标准的制订与统一，有利于形成由需方市场需求推动供方市场优化发展的良性循环局面。

❖**案例3**：某水泥制品厂通过了资格预审，但中标后发现实际产能严重低于申报。问题分析：资格预审审查不严、供应商不诚信。

❖**案例4**：供应商资格预审时，若评审过程中的澄清答疑尺度不一致，导致供应商不同境遇。问题分析：未对供应商预审制订统一标准，易导致廉洁风险。

第四节　供应商服务管理

【目的】控制供应商服务中潜在的风险，提升供应商的服务满意度。

一、供应商服务

（1）企业应开展供应商服务工作，服务工作包括但不限于：

1）供应链业务相关的咨询；

2）供应链投诉；

3）供应链监督、举报；

4）供应链信息发布；

5）供应商交流合作。

（2）企业应建立供应商沟通渠道。沟通渠道包括但不限于：

1）服务热线；

2）服务邮箱；

3）服务大厅；

4）服务公众号；

5）供应商走访；

6）供应商大会。

（3）企业应制订供应商沟通标准。

1）与供应商正确的沟通方式；

2）与供应商沟通的场所；

3）与供应商沟通的纪律。

（4）企业对供应商服务情况实施登记和备案管理，对服务情况开展数据分析，指出业务服务方向。

二、供应商关系

（1）企业应和供应商达成合作共赢关系。

（2）企业应定期对供应商开展供应商管理知识宣贯。

第七章 质量控制与履约管理

第一节 质量风险管理概要

一、质量管理环节风险识别

（1）企业应确定质量管理环节风险识别的方法，系统分析管理体系中存在的问题，识别质量管理环节风险因素。

（2）开展质量管理环节风险识别应考虑以下对象：

1）质量策略；

2）质量技术标准管理；

3）质量检测机构管理；

4）品控专家管理；

5）供应商质量管理；

6）准入前质量管理；

7）运行期质量管理；

8）质量问题分析处理；

9）质量数据收集分析；

10）廉洁管控。

（3）企业应对质量管理环节风险信息化监测进行研究，动态识别质量管理中的风险因素。

二、质量管理环节风险评估

（1）企业应确定供应链质量管理环节风险评估方法，针对质量管理环节存在的风险因素进行风险评估。

（2）质量管理环节风险评估时应重点关注以下要素：

1）质量控制策略的合规性；

2）质量技术标准的合规性；

3）品控专家、业务人员的专业性；

4）质量控制环节的完整性；

5）质量风险分析的全面性；

6）廉洁管控。

（3）当企业出现下列情况时，应进行基于问题的质量管理环节风险评估，并基于风险评估结果动态更新供应链风险数据库。

1）质量管理的最新法律法规、制度要求；

2）质量事故/事件；

3）质量管控要求的变化；

4）新技术、新设备的运用；

5）廉洁问题。

（4）质量管理环节风险评估结果应作为业务各流程优化、制度修编、供应链其他业务管理提供依据。

（5）质量管理环节风险评估结果应及时反馈至供应链各业务环节及各相关方，以落实整改措施；涉及廉洁从业、依法履职、秉公用权等问题，应移交至纪检（监察）机构。

三、质量管理环节风险管控措施与方法

（1）企业应通过风险评估确定风险类别、风险等级和相应的风险管控措施。管控措施的确定应考虑以下要素：

1）法律法规、规程规章、采购标准的要求；

2）外部环境影响，包括但不限于政治环境、经济环境、社会环境等；

3）新技术、新设备的出现；

4）信息化手段；

5）所需资源和效益成本分析结果；

6）风险控制措施的关联性。

（2）企业应定期或风险发生变化时对风险管控措施进行落实情况检查，必要时进行调整。

（3）企业应根据质量管理环节风险管控措施确定质量管理环节风险管控方法。

（4）企业应制订标准的质量管理业务指导文件，文件应经过审核和批准。

四、质量管理环节风险管控效果监测与回顾

（1）企业应对供应商管理环节风险管控的效果进行监测、评估，及时修正、完善风险控制措施。

（2）企业应对供应商管理环节风险管控模式及其运作过程、风险控制措施的制订和执行进行回顾，对存在的不足进行改进。

五、质量管理廉洁风险管控

（1）企业应制订质量管理制度，合理授权，加强监督，实现管办分离。

（2）企业应重视质量管理审查制度，确保质量管理扎实落地，做到全过程质量管控。

（3）企业应对质量管理过程进行关注，实施不相容岗位分离。

（4）企业应对质量事件处理合理、合规、合法性进行关注。

（5）业务人员的廉洁教育的培训、廉洁意识的培养。

第二节　供应商质量控制管理

【目的】提高产品的生产制造、产成品运输环节的质量管理水平，保障供货物资质量。

一、生产制造环节

（1）企业应对供应商生产制造环节的产品质量控制进行管理监督，与供应商形成良性互动，形成质量控制的共同体。

（2）企业应主动协同供应商建立质量检测数据共享平台，实现质量管理向前延伸，将该项工作与供应商分类分级管理联动。

（3）生产制造环节质量管理应考虑以下因素：

1）质量控制手段的全面性；

2）原材料供应商的管理；

3）原材料储存管理；

4）需求的合理性；

5）排产计划管理；

6）生产现场质量管理。

二、产品运输环节

（1）企业应对供应商产成运输环节的产品质量控制进行管理，防止产品运输环节对产品质量产生负面影响。

（2）产品运输环节质量管理应考虑以下因素：

1）运输路径条件；

2）运输保护措施；

3）运输安全；

4）运输公司及运输人员资质；

5）运输车辆选择；

6）人为因素。

【案例分析】

❖**案例1**：某年，在某次到货抽检时发现供应商产品不合格，排查问题时发现，因为该供应商的原材料供应商以次充好，导致成品质量不合格。问题分析：生产制造环节质量管理未考虑原材料供应商的管理。

❖**案例2**：在某次到货抽检时发现某主要设备产品不合格，但在开展的专项抽检中产品是合格的。经调查发现，由于运输过程中对产品的保护措施未到位，造成淋雨，导致产品受潮，性能降低，最终导致到货抽检不合格。问题分析：产成运输环节质量管理未考虑运输保护措施。

❖**案例3**：某著名生产企业，一直以质量过硬赢得市场信赖。某段时期公司领导接到企业内部质检部门的报告，近段时间某系列产品合格率有所下降，且问题类别较为集中。为此，公司领导组织生产部门、质检部门联合组织调查小组分析问题根源。经核查其根源是该生产企业更换了某个原材料供应商，其原材料属性与现有的生产方式和性能要求存在一定差异。为此，紧急组织技术部门进行研究，通过系列调整，其产品质量恢复原有水平，并调整了公司原材料的管控使用工艺。问题分析：原材料的质量管理就是生产产品的质量基础，是企业的生命线。

第三节 履 约 管 理

【目的】通过履约管控、质量策略管理，提高质量管理水平，规范质量管理流程，为质量风险管理提供遵循。

一、质量策略管理

（1）企业应确定物资质量管理部门，运用数字化技术，构建全面质量管理体系，贯通设备全生命周期管理全过程，实现设备全过程质量管理可视化、可追溯。

（2）企业应建立质量控制策略，明确质量控制目标要求，设立专门机构或人员负责质量控制工作。

（3）企业应收集历年设备、材料运行、质量情况，按设备、材料类别制订差异化质量管控策略。

（4）企业应配备符合要求的质量控制管理人员，实施质量控制的策划活动，规范质量管理的实施程序和控制要求，确保质量控制的全面性和有效性。

（5）企业应统筹专业监造资源，推进监造集约、规范、高效实施。

（6）企业应确定质量策略，确定品类范围、品控方式、实施主体等内容。制订时需考虑以下因素：

1）政策要求；

2）环境影响；

3）社会影响；

4）市场情况；

5）地质与自然灾害影响；

6）技术支撑；

7）企业资源。

（7）企业应建立品控专家管理标准，建立品控专家库，明确品控专家工作和管理要求。

二、质量技术标准管理

企业应建立质量控制技术标准体系，明确质量控制技术要求，及时更新、发布技术标准，保证及时获取。

质量控制技术标准管理应考虑以下因素：

（1）法律法规的最新要求；

（2）新技术新方法对质量控制提出的新要求；

（3）企业生产运行要求；

（4）采购方的质量控制管理；

（5）供货方的质量控制管理。

三、质量检测机构管理

（1）企业为提升质量水平，保障物资质量检测权威性，应开展质量检测工作。质量检测工作可开展自主实施，也可委托第三方实施。企业应建立质量检测机构管理标准，明确资质及检测范围、设备、人员等要求。

（2）企业可建立自主专业品控技术及检测平台，打造智慧检测中心，持续提升自主品控能力，建立品控业务质量评价激励机制，保障专业化认证和各专业所检测资源的统筹管理及业务协同，确保企业供应链品控检测业务优质高效开展。

（3）企业应要求质量检测机构制订作业标准及管理标准。

1）质量检测作业标准；

2）质量报告及档案管理标准；

3）质量检测设备管理标准；

4）质量检测人员管理标准；

5）质量检测内部控制标准。

（4）企业应要求质量检测机构制订内部廉洁风险防控机制。

1）廉洁风险点分析；

2）廉洁风险防控措施。

（5）企业应鼓励质量检测机构加大先进检验检测技术的投入、研发和应用，打造智慧检测中心，共享检测资源和检测能力，大幅提升产品/设备检验能力覆盖度，提升产品/设备准入检测能力。

（6）质量检测机构应建立信息系统，加强数据分析，向企业提供风险预警。企业应与质量检测机构检测信息系统联通，可以采集检测数据，为数字品控创造条件。

（7）企业应采取定期检查和随机抽查的方式，开展质量检测机构的监督管理，对监督检查发现的问题，实施闭合管理。

（8）企业应对质量检测机构管控模式及其运作过程、风险控制措施的制订和执行进行回顾，对存在的不足进行改进。

四、质量监造机构管理

（1）企业为提升质量水平，保障设备质量，应开展监造工作。监造工作可开展自主实施，也可委托第三方实施。企业应建立质量监造机构管理标准，明确资质及监造范围、设备、人员等要求。

（2）企业可建立自主专业监造平台，保障专业化监造，统筹各层级监造工作，确保企业设备监造业务优质高效开展。

（3）企业应要求监造机构制订作业标准及管理标准。

1）监造作业标准；

2）监造报告及档案管理标准；

3）监造人员及设备管理标准；

4）监造机构内部控制标准。

（4）企业应要求监造机构制订内部廉洁风险防控机制。

1）廉洁风险点分析；

2）廉洁风险防控措施。

（5）监造机构应建立信息系统，加强数据分析，向企业提供风险预警。企业应与监造机构检测信息系统联通，可以采集监造数据，为数字品控创造条件。

（6）企业应采取定期检查和随机抽查的方式，开展监造机构的监督管理，对监督检查发现的问题，实施闭合管理。

（7）企业应对监造机构管控模式及其运作过程、风险控制措施的制订和执行进行回顾，对存在的不足进行改进。

【案例分析】

❖案例：某企业根据生产需要对某核心设备进行技术全面升级，引起了相关技术标准规范要求的改变，而在物资采购环节并未考虑到新技术、新方法对质量控制的影响，为了响应并满足相关技术标准规范要求，重新制订新的质量标准并开展相关工作，属于事后控制，造成了大量的人力资源和技术资源浪费。问题分析：质量控制技术标准管理未考虑新技术、新方法对质量控制提出的新要求。

第四节　准　入　前　质　量　管　理

【目的】提高产品准入前的质量管理，建立品控管理体系，运用好品控类型和方式，提升物资准入质量，保障企业安全运行。

一、品控计划管理

（1）企业对准入前的设备品控制订管理计划，明确管理要点和管理节点，指导品控业务有序开展。

（2）品控计划管理应考虑以下因素：

1）业务范围；

2）业务时间；

3）业务类型；

4）专家组成；

5）物资产成及发货情况。

二、设备监造管理

（1）企业应根据设备监造品控策略，按照业务标准开展设备监造工作。设备监造按实施方式如下：

1）现场监造：驻厂监造、关键点见证；

2）云监造。

（2）设备监造管理应考虑以下因素：

1）监造范围；

2）监造业务标准；

3）监造计划；

4）实施主体；

5）过程管控；

6）信息管理及传递；

7）问题处理；

8）廉洁风险防范。

三、送样检测管理

（1）企业应根据设备品控策略，针对不同设备材料开展送样检测，按照业务标准开展送样检测工作。

（2）送样检测管理应考虑以下因素：

1）供应商自愿报名参加原则；

2）送样检测范围；

3）送样检测业务标准；

4）实施主体；

5）送样检测结果运用。

四、到货抽检管理

（1）企业应根据设备品控策略，针对不同设备材料开展到货抽检，按照业务标准开展到货抽检工作。

（2）到货抽检管理应考虑以下因素：

1）强制性抽检原则；

2）到货抽检范围；

3）到货抽检业务标准；

4）实施主体；

5）到货抽检的批次及比例；

6）到货抽检结果运用。

五、专项抽检管理

（1）企业应根据设备品控策略，针对不同设备材料开展专项抽检，按照业务标准开展专项抽检工作。

（2）专项抽检管理应考虑以下因素：

1）强制性抽检原则；

2）专项抽检范围；

3）专项抽检业务标准；

4）实施主体；

5）专项抽检的批次及比例；

6）专项抽检结果运用。

【案例分析】

❖**案例1**：某企业到货抽检时，工作人员到抽检现场，发现供货信息有误，现场未到货，无样品可抽。问题分析：品控计划管理未考虑物资产成品及发货情况。

❖**案例2**：某供应商为了规避需求方的到货抽检，在申报抽检信息时故意瞒报某批次产品的到货信息。在需求方上级主管部门组织抽检工作时，通过物资管理系统发现该异常情况，及时安排飞行检查，发现该批次产品确实存在质量问题。问题分析：全面的质量抽检工作能够从源头对采购货物的质量达标性进行管控，降低了采购货物质量风险。

❖**案例3**：某年，在某次实施监造时，遗漏自主监造设备品类。主要原因是未及时了解自主监造设备品类的生产进度，尤其针对生产周期短的设备，而未覆盖相关设备品类。问题分析：设备监造管理未考虑过程管控。

❖ **案例4**：在某次抽检业务工作检查时，品控工作人员未按抽样标准及方法开展抽样工作。如抽检设备型号与供应商执行文件等不一致时，现场抽检人员没有与样品所属单位商定。问题分析：抽检工作未充分考虑抽检范围。

第五节　运 行 质 量 管 理

【目的】控制设备运行过程的质量风险，保障企业生产安全稳定运行。

一、投运前准备

（1）企业应通过标准明确设备投运前的工作程序及要求，才能保证物资投运后的质量，相关工作程序及要求如下：

1）应具备的技术条件；

2）应完成的有关试验；

3）应相互交换的有关资料；

4）应具备的投运准备条件；

5）投运申请及批复。

（2）企业应在投运前对拟投运设备的准备工作和相关资料按标准进行检查验收，确保投运记录齐全完善。

（3）企业在投运前应编制投运方案，并经过审核、会审与批准。投运方案内容如下：

1）投运应具备的条件；

2）投运的风险评估与控制；

3）投运方式与步骤；

4）现场操作风险；

5）投运过程控制；

6）运行交接；

7）应急处置程序。

二、使用与维护

（1）企业应保证设备的运行条件，定期维护，按期巡视，保证投运设备高质量运转。

（2）企业应确保作业人员具备相应资质。

（3）设备材料的使用与维护应考虑以下因素：

1）运行环境应满足技术要求；

2）设备材料的日常运行维护；

3）设备材料的运行分析要求；

4）设备材料的正确操作要求；

5）设备材料的运行年限；

6）作业人员的业务培训；

7）设备材料的报废管理。

【案例分析】

❖**案例 1**：某年，在某加油站设备事故调查时将事故原因定性为设备产品质量问题,但实际上设备的产品说明书指明该设备不适合在酸雨地区运行,该加油站地处酸雨地区,酸雨环境对设备的质量影响是此次事故的主要原因。问题分析：设备材料的使用与维护未考虑运行环境应满足技术要求。

❖**案例 2**：某年，某单位在进行设备事故调查时发现，事故原因是工作人员未按设备使用要求进行操作，导致设备质量受损，从而导致发生事故。问题分析：设备材料的使用与维护未考虑设备材料的正确操作。

❖**案例 3**：在某公司应急调配演习中，某作业员根据物资的电压等级、工作容量等进行简单匹配，即将该批次物资分别调配至高原、沿海等区域进行应急抢险。随即被演练监控人员指出该作业员在物资调配时没有详细对高海拔、盐密、污区等设备运行特性信息进行核对就贸然进行调配，将影响物资的运行安全性，给予亮红灯警示。问题分析：在物资材料的使用或者选取时，必须考虑实际运行生产环境要求，选择合适的物资产品。

第六节　质量问题处理与回顾

【目的】建立程序，提高缺陷处理、质量问题处理的效率，运用好过程数据，为设备全生命周期管理提供基础数据支撑。

一、缺陷处理

（1）企业应建立或明确缺陷管理标准，实现缺陷的动态和闭环管理，标准应明确以下内容：

1）缺陷的标准与等级划分；

2）缺陷的登记、报告和确认；

3）缺陷的处理职责、方式和时限；

4）缺陷处理的验收；

5）缺陷的统计分析和评价；

6）缺陷记录的保存。

（2）企业应在缺陷未得到处理前，采取相应的风险控制措施和可能的应急方案。

（3）企业应定期对缺陷处理的及时率、完成率和效果进行评价，纳入供应链管理。

（4）企业应定期对缺陷管理进行回顾，对存在问题进行改进。

二、质量问题处理

（1）企业应建立质量问题处理标准，明确质量问题处理流程，做到对质量问题的快速响应，减少企业生产运行隐患。

（2）企业应在质量问题未得到处理前，采取相应的风险控制措施和可能的应急方案。

（3）处理质量问题应注意以下内容：

1）质量问题类型；

2）质量问题影响范围；

3）质量问题处理方式；

4）质量问题处理结果分析；

5）质量问题处理结果回顾；

6）质量问题处理结果向采购环节、供应商管理环节反馈应用。

三、质量管理过程数据收集与运用

（1）企业应运用好质量管理过程数据，将过程数据反馈至采购环节、品控环节等，指导采购环节，突出品控要点。

（2）质量管理过程数据应为设备全生命周期管理提供基础数据支撑。

（3）数据收集与运用应考虑：

1）数据的完整性、全面性、及时性和准确性；

2）数据的范围与类别；

3）数据的修订及更新；

4）数据的处理权限；

5）数据的存储方式；

6）数据获取渠道；

7）数据运用范围及方式；

8）数据的变化与回顾。

【案例分析】

❖**案例 1**：某设备投运 1 年后，发生质量事故。生产部门未严格遵照供应商不良行为扣分及物资采购合同进行处理，开展索赔活动，质量问题闭环管理不到位。问题分析：设备质量问题未按照合同开展索赔、开展企业信用管理。

❖**案例2**：在某次品控工作检查中发现对品控工作产生的过程信息，存在录入滞后、录入不规范的情况。问题分析：数据收集与运用未考虑数据的完整性、全面性、及时性和准确性。

第八章 仓储与物流管理

第一节 仓储与物流风险管理概要

【目的】对仓储物资管理、仓库运行、物流配送过程风险进行评估,管控仓储与物流管理环节风险,提升物资供应保障能力和仓储物流共享服务水平。

一、仓储与物流管理环节风险识别

(1)企业应确定仓储物资管理、仓库安全运行、仓储作业和物流配送等环节风险识别的方法,系统分析管理体系中存在的问题,识别仓储与物流管理环节风险因素。储备分为内部储备(即仓储管理)及供应商等外部储备。

(2)开展仓储与物流管理环节风险识别应考虑以下对象:

1)仓库建设管理;

2)仓储物资管理;

3)仓库运行管理;

4)物资调拨管理;

5)物资配送管理;

6)仓储作业管理;

7)工器具/特种设备管理;

8)廉洁风险。

(3)仓储作业风险管理。

1)现场作业必须"戴安全帽""穿工作服",对作业人员"现场交底"。

2)关注物资吊装全过程作业:作业人员是否持有效作业证上岗;操作人

员的安全意识及精神状态；对作业危险点的技术措施执行情况；吊车操作人员对吊装物资盲点的预控措施；外施工单位是否设立专职安全监护人员（或者设立专职吊车指挥员），并到位进行安全监督；吊装大件物资是否使用绳索对物资进行牵引。

3）关注电缆收放线全过程作业：督察装卸人员掌握各类搬运和装卸设备的日常维护、正确使用的方法；工作负责人是否对工作进行统一指挥，并到位进行安全监督。

4）关注搬运全过程作业：装卸作业时，要轻拿轻放，不得抛掷、翻滚、脚踢、在地上拖拉货物等装卸动作。装卸标准：安全第一、轻拿轻放、码放稳固、留有通道、横看成行、竖看成列、大不压小、重不压轻、好不压坏、箭头朝上（不得倒置）、批号朝外。

5）关注叉车装卸全过程作业：作业人员是否持有效作业证上岗；操作人员的安全意识及精神状态；对作业危险点的技术措施执行情况；叉车操作人员对装卸物资盲点的预控措施；外施工单位是否设立专职安全监护人员（或者设立专职叉车指挥员），并到位进行安全监督；物资在装卸过程中是否有防倾倒措施。

6）货车运输作业：作业人员是否持有效作业证上岗，准驾车型是否与所驾驶车型相符；货车是否年审合格，有无逾期未年审；物资有无绑扎牢固，遇到雷雨天气物资有无保护措施防潮。

（4）企业应对仓储与物流管理环节风险信息化监测进行研究，动态识别采购管理中的危害因素。

二、仓储与物流管理环节风险评估

（1）企业应确定仓储与物流管理环节风险评估方法，针对仓储与物流管理存在的危害因素进行风险评估。

（2）仓储与物流管理环节风险评估时应重点关注以下内容：

1）仓库安全性；

2）仓储物资品类优化；

3）仓储方案的合理性和必要性；

4）仓储物资的周转率；

5）库存物资账实一致性；

6）配送的经济性和社会性；

7）仓储作业的风险控制；

8）仓储作业人员素质。

（3）当企业出现下列情况时，应进行基于问题的仓储与物流管理环节风险评估，并基于风险评估结果动态更新供应链风险数据库。

1）仓储与物流管理的最新法律法规、制度要求；

2）仓储与物流管理事故/事件；

3）仓储与物流管理流程的变化；

4）信息系统的变化；

5）廉洁问题。

（4）仓储与物流管理环节风险评估结果应为本业务各流程优化、制度修编、供应链其他业务管理提供依据。

（5）仓储与物流管理环节风险评估结果应及时反馈至供应链各业务环节及各相关方，以落实整改措施；涉及廉洁从业、依法履职、秉公用权等问题，应移交至纪检（监察）机构。

三、仓储与物流管理环节风险管控措施与方法

（1）企业应通过风险评估确定风险类别、风险等级和相应的风险管控措施。以效率和效益整体最优为目标，以"统一规划、分级管理、集约储备、统筹调配、敏捷供应、按需配送"为原则，拟定管控措施，措施确定时应考虑以下因素：

1）法律法规、规程规章、仓储及物流的要求；

2）仓库、人员等资源配置；

3）物流能力、供应范围等现实条件；

4）区域内物资供应特点；

5）管控措施的有效性；

6）效益成本分析；

7）廉洁风险管控。

（2）企业应制订标准的仓储与物流管理业务及作业指导文件，文件应经过审核和批准。

四、仓储与物流管理环节风险管控效果监测与回顾

（1）企业应对仓储与物流管理环节风险管控的实施效果进行监测、评估，及时修正、完善风险控制措施。

（2）企业应对仓储与物流管理环节风险管控模式及其运作过程、风险控制措施的制订和执行进行回顾，对存在的不足进行改进。

五、仓储与物流管理廉洁风险管控

（1）仓储与物流管理中的廉洁风险应关注以下内容：

1）仓储人员不合理对待供应商、回收商相关业务；

2）仓储人员未公平合理安排承运商配送；

3）不相容岗位设置。

（2）组织业务人员的廉洁教育培训、培养廉洁意识。

第二节　仓库建设管理

【目的】规范仓库规划、建设及设置管理，为仓库建设风险管控提供遵循。

对于存放危险化学物（简称"危化品"）的仓库必须按照相关法律法规执行，并取得相关的许可执照以及定期年审与消防管理。或委托有资质的第三方托管管理。

一、仓库的规划建设

（1）企业结合实际需要，确定仓库运行模式（如区域仓+周转仓+急救包），统筹企业仓库规划，实现仓库扁平化、网络化。

1）区域仓是一种物流概念，它通常设立在特定的区域范围内，主要负责该区域内的存储、分拣、配载和发货工作。区域仓可以是单一的仓储设施，也可以是一系列分布在不同地理位置的仓库，目的是更有效地服务于所覆盖的地区内的客户和销售点。这种仓储模式可以根据订单量、顾客分布、交通状况等因素来决定每个仓库负责的具体区域范围。区域仓通过先进的存取设备和自动化系统，如立体库（又称高架仓库），来提高作业效率和准确性。此外，区域仓通常会配备网络通道、门禁系统和监控设备等安全防护设施，以确保库存物资的安全。区域仓模式相较于传统的平行仓模式更为细致，能够更好地适应并满足不同地区客户的配送需求，从而在一定程度上缩短配送距离，提高配送时效性。

2）周转仓库是指储存口岸和内地外贸业务部门或其他外贸经营单位收购的待运出口商品和进口待分拨的商品存储点。这种仓库都设置在商品集中发运出口的沿海港口城市。仓储规模大，商品储存时间短，周转快，进出商品面向全国、全球、流量大，要求及时集散。

3）急救包是指储存基层班站所日常生产、抢修、营销等所需的物资，由物资使用部门负责日常管理的物资存储点。

（2）企业应制订仓库分级管理、物资交接管理和库存信息管理的制度。

（3）企业应制订仓库专项规划与仓库建设的标准和规范。在仓库建设时应考虑以下因素：

1）仓库布点的合理性；

2）运输车辆出入的便利性；

3）仓库内部分区的合理性；

4）信息化技术运用程度，智能仓库要求；

5）技术的先进性、建设的经济性。

二、仓库的设置管理

（1）各级物资仓库应运用信息系统进行管理，开展仓库注册及审批、出入库、调拨等工作。

（2）企业应结合生产、营销、抢修等需要设置急救包。急救包设置时应考虑下列因素：

1）生产班组的必要性和便利性；

2）存放物资的品类及数量；

3）急救包的周转率；

4）急救包的仓储管理规范化。

（3）企业应对施工现场仓库管理进行监督，应明确以下要求：

1）施工现场仓库的标准和要求；

2）项目物资到货验收的标准和要求；

3）危化品存放场所必须要有明显的识别标志，并符合安全距离要求，任何人不得随意进入与作业。涉及危险化学品存放场所应采用隔离储存、隔开储存、分离储存的方式对危险化学品进行储存。应选择符合危险化学品的特性、防火要求及化学品安全技术说明书储存要求的仓储设施进行储存。

（4）供应商库存登记应建立合同物资信息登记和产成品信息登记。

【案例分析】

❖案例：2017 年，某企业租用仓库，合同约定租赁面积为 7342.71m^2，经实地检查，实际使用面积只需要约 4000m^2，经协商将未使用的进行分隔，只租用所需场地，按合同约定单价测算，共计节省租金约 45.92 万元。问题分析：租赁仓库面积测算大于实际需要，易形成浪费，及时发现并消除，为企业节省成本开支。

第三节　仓库运行及作业管理

【目的】提升仓库运行的规范性，管控作业风险，加强仓储日常管理，降低仓储运行成本。

一、仓储作业管理

（1）企业应制订仓储管理制度和作业标准，管控作业风险，规范仓库作业，仓储日常管理及作业应包括以下内容：

1）入库；

2）经到货抽检（按首批必检）合格后办理出库；

3）退库/冲红；

4）移库/调拨；

5）物资堆放和储存；

6）搬运和装卸；

7）保管保养；

8）盘点；

9）信息系统运用；

10）危化品的作业必须持证管理。

（2）企业应遵循"先物后账"的物资出、入库原则。

（3）企业应建立物资领用制度，重点关注以下内容：

1）项目管理部门物资领用的计划性和准确性；

2）闲置物资管理；

3）紧急领用时限优先。

（4）仓储作业人员应严格遵守安全作业规程，消除安全隐患，确保仓库作业安全。

二、仓库运行管理

（1）企业应规范仓库物资标识、存放管理，做到物资分区分类，定期开展巡查、盘点工作，做到账卡物一致。

（2）企业应定期对库存物资数量、质量、保管条件、制度落实等情况进行检查。

（3）仓库物资管理范围如下：

1）在库项目物资；

2）储备物资（储备物资分为常规储备物资和应急储备物资）；

3）闲置物资；

4）报废物资。

（4）企业应做好仓库当月收、发、结存数据分析统计及财务对账工作。

（5）应急装备、退役闲置物资等可根据库容情况采用寄存方式存放。

（6）企业应开展定制化管理，有效划分仓库区域，及时上传库存各类物资量、金额及存放位置，为仓库数字化奠定基础，为数字化"云仓"建设创造条件。"云仓"建设应尽可能包括以下内容：

1）高效性：云仓采用先进的信息技术，实现对商品的实时监控（盘点）和管理，提高仓储与物流的效率；

2）灵活性：云仓可以根据不同的需求进行灵活的调整和变化，满足不同客户的需求；

3）低成本：云仓采用共享经济的模式，可以将仓储与物流等资源进行共享，降低成本；

4）数据化：云仓通过信息化技术实现了对商品的数据化管理，可以实时掌握商品的库存、销售等情况。

（7）企业应做好仓库消防、用电、设施、设备、存储等安全管理，消除安全隐患，确保仓库运维安全。常见仓库运行管理负面清单负面行为如表8-1所示。

表 8-1　　　　　　常见仓库运行管理负面清单负面行为

序号	常见仓库运行管理负面清单负面行为
1	未按照规定对用于生产、储存、装卸危险物品的建设项目进行安全评价的
2	用于生产、储存危险物品的建设项目竣工投入生产或者使用前，安全设施未经验收合格的
3	生产经营单位未按照规定制订生产安全事故应急救援预案或者定期组织演练的
4	危险化学品的储存方式、方法或者储存数量不符合国家标准或者国家有关规定的
5	生产、经营、运输、储存、使用危险物品或者处置废弃危险物品，未建立专门安全管理制度、未采取可靠的安全措施
6	未在作业场所和安全设施、设备上设置明显的安全警示标识
7	生产经营单位锁闭、封堵生产经营场所出口的
8	生产、经营、储存、使用危险物品的车间、商店、仓库与员工宿舍在同一座建筑内，或者与员工宿舍的距离不符合安全要求的
9	特种作业人员未按照规定经专门的安全作业培训并取得相应资格，持证上岗作业的
10	生产经营单位未采取措施消除事故隐患的

【案例分析】

❖**案例 1**：某单位采购的大型水泵于 2018 年 12 月 15 日到货，在 2019 年 2 月 26 日才办理验收入库手续，时间长达 73 天。问题分析：未按要求在规定的时限内验收入库。

❖**案例 2**：某单位库区 200 盘电缆，实际盘点共计 160 盘，差异 40 盘。问题分析：存在账实不符。

❖**案例 3**：某单位某高速公路扩建工程，该项目于 2017 年 3 月 18 日办理竣工决算，经检查该项目物资系统综合出入库明细表，该项目所有物资均在竣工决算后方才办理出入库手续，涉及金额 135.67 万元。问题分析：物资出入库管理不规范，物资出库未办理手续，存在先领用物资后办理领用手续。

❖**案例 4**：某单位部分生产物资未存放在仓库，而是堆放在停车库，物资管理混乱，极易造成仓储物资丢失或领用错误的情况。同时，停车库的仓储条件未能达到制度要求，且无专人看守。问题分析：未按仓储管理要求存放生产物资。

❖**案例 5**：某单位某建设工程委托施工方采购物资 66.95 万元，少抵扣进项税 9.73 万元。问题分析：甲供物资委托施工方采购，导致少抵扣增值税，增加建设成本。

第四节　仓　储　管　理

【目的】充分发挥仓储物资应急防灾、及时调配的保障功能，提高企业仓储物资周转率，提升项目物资保障能力。

一、仓储管理模式

（1）企业应分级统筹和管控库存物资，在充分利用仓储物资保障工程建设、生产运维和应急防灾的基础上，控制库存物资。库存物资可考虑：

1）项目物资；

2）储备物资（储备物资分为常规储备物资和应急储备物资）；

3）闲置物资；

4）报废物资。

（2）遵循"多种方式、定额存储、动态补仓、综合利用"的原则，企业开展仓储物资管理，建立统一标准制订集中仓储目录、定额和方案，实现分级管理，统一调配。

二、仓储物资目录

（1）企业仓储清单的范围应包括备品备件、应急物资、计量类设备、配电网（含业扩）设备材料。

（2）仓储物资采用目录管控，仓储目录遵循"以大数据分析为基础，强化专业审核把关"的原则制订，定期修编，且应考虑以下因素：

113

1）技术更新与技术淘汰；

2）物资品类优化的结果；

3）遵循互换性和通用性；

4）物资周转率。

（3）企业仓储管理应区分战略储备和常规储备。

（4）企业应根据需要调整优化储备物资清单，应考虑以下原则：

1）应结合物资品类优化结果，遵循互换性和通用性的原则；

2）优化储备物资品类；

3）统计分析储备物资的实际使用情况，提高储备物资周转率。

三、储备定额

（1）企业储备物资管理应遵循"多种方式、定额存储、动态补仓、综合利用"的原则。

（2）企业应在储备目录范围内提出储备定额需求，内容应包括物资编码、型号规格、需求数量、供应时效、轮换年限、适用范围、单一来源物资的供应商名称、相关订货技术规范等。

（3）企业储备物资可进行分级统筹储备：

1）整体战略性储备；

2）大行政区域性储备；

3）各区域性储备；

4）相关的储备分级以及时响应，满足应急需要为基础。

（4）企业编制储备定额，确定重购线、重购量、安全库存及最高储备量时应考虑以下因素：

1）仓库布点、服务半径及服务效率；

2）专业管理部门的储备定额需求；

3）过低的储备物资周转率；

4）过高的库存风险；

5）仓库层级和仓库库容；

6）配送能力和配送时效性；

7）历史用量分析。

（5）企业不得超储备定额存储，管控库存过高风险。储备方式可考虑以下方式：

1）协议储备：通过与供应商签订库存数量以满足储备物资需求。

2）联合库存管理（jointly managed inventory，JMI）供应模式：JMI 模式是在供应商管理库存基础上发展起来的库存管理模式，该模式由供应商与需求方共同制订库存计划，并保持协调性、动态性，减少了供应链上的总库存。企业推行配电网项目物资 JMI 供应模式，对于通用性较高、易形成供货批量的配电网物资，可采用 JMI 供应模式。由各单位与供应商签订 JMI 储备框架协议，共同制订 JMI 定额，供应商在其仓库或企业仓库存储满足定额数量的物资。当发生领用需求时，由需求单位向供应商下达订单合同，供应商从库存物资中发货，货物所有权在到货时转移至需求单位，需求单位收货后办理结算。该模式调动供应商参与前端需求预测，有助于提升需求预测准确性，降低双方库存。JMI 模式并非完全依赖供应商，需求单位要充分参与 JMI 定额制订及优化，制订对供应商库存的核查措施，防止缺货或积压。

3）自购方式：需求方通过购进备品的形式存放储备物资的模式。

（6）企业应根据轮换标准制订储备物资轮换计划，及时轮换更新储备物资，管控储备物资长期闲置风险。

四、仓库补货

（1）企业应运用仓储物资管理信息平台，收集库存数据，联动其他业务信息平台中物资需求信息，开展数据分析，实施物资需求预警，提升仓库补仓智能化水平。

（2）城市区域以上仓库应按照"定额存储、动态补仓"原则组织补货，控制储备物资断供风险。

（3）城市区域以上仓库补货应考虑以下因素：

1）补仓能力及补仓时效；

2）定量补货；

3）根据历史领用数据，动态调整，管控库存风险；

4）及时支付采购货款；

5）可协议储备补货。

（4）县级仓库、急救包应遵循"定期补货为主、紧急补货为辅"原则组织补货，需考虑以下因素：

1）上级仓库配送；

2）供应商直接配送；

3）安全库存、补仓能力及补仓时效。

五、抢修物资储备管理

（1）企业应明确抢修物资储备清单及储备工作指导原则。

（2）抢修物资储备需求与方案管理，需考虑以下因素：

1）专业管理部门提供抢修物资需求；

2）通用性、品类优化；

3）合理选择抢修物资存放点；

4）抢修物资应进行定期性能测试和保养修理。

（3）抢修物资补仓采购管理，需关注以下内容：

1）需求申报及补仓；

2）及时补货；

3）安全库存不低于应急储备定额；

4）抢修物资只适用于突发事件，不得挪作其他用途。

（4）企业应对历年抢修项目物资需求进行分析，自动匹配库存物资情况，实现抢修物资补仓预警。

【案例分析】

❖**案例 1**：2019 年 7 月 31 日，某单位实时库存列表中共有 MPP 导管（ϕ160mm×10mm）8958m，其中有 2685.00m 为 2018 年采购入库。经查询当月出库记录，发现该月出库 6273.00m MPP 导管（ϕ160mm×10mm）为 2019 年 6 月新采购入库。问题分析：未按"先进先出"原则办理出库。

❖**案例 2**：截至 2019 年 7 月 10 日，某公司库龄大于 6 年的储备物资余额有 365.77 万元。问题分析：储备物资未按有关规定及时轮换、更新，存在资产减值风险。

❖**案例 3**：截至 2019 年 7 月 31 日，某单位实时库存列表中储备物资金额合计 11848.46 万元，而该单位提供的储备方案明细中储备方案最高储备金额为 2074.63 万元，储备物资金额超储备方案最高储备金额 9773.83 万元，超储备定额情况严重。问题分析：储备定额未能对储备物资进行有效管控，存在库存过高风险。

第五节　调　拨　管　理

【目的】加强各仓库间联系，通过资源共享，提高物资使用率，增强物资供应能力。

一、调拨实施

（1）企业应组织制订物资调配策略，分层建立调配中心，建立数字化"云仓"，加强仓库、储备、运输资源统筹和共享，推进在途、在厂、在库资源可视化，实现对物资的统一管理和智能调配。

（2）企业应建立调拨统筹机制，在各层级之间、不同企业之间建立储备物资、应急物资、跨单位物资等调拨统筹机制，实现供需匹配、平衡利库、智能调配、应急值班及执行跟踪等工作。

（3）企业应建立运用信息化平台开展调拨工作，实现掌握库存信息实时采集，需求与在库物资自动匹配，有效提升调拨效率。

（4）企业应设置人员开展物资调拨工作，统筹考虑物资调配工作。物资调拨时需考虑以下因素：

1）库存储备量；

2）到货时效；

3）服务水平。

（5）物资供应方式如下：

1）仓库自提；

2）配送到就近仓库或急救包领用；

3）配送到现场；

4）库存储备不足情况下可组织供应商紧急补货或直送现场。

二、财务处理

企业应对调拨物资财务处理要求进行明确规定，需考虑：

（1）是否同一法人之间调拨。

（2）办理时限要求。

（3）审批权限。

（4）配送费用处理方式。

（5）不同法人间，物资销售价格确定方式，如调出单位财务。

（6）面价格、市场价格。

（7）财务记账要求。

第六节　配　送　管　理

【目的】规范企业物资配送管理，提高配送时效、降低配送成本，优化配送方案，管控配送过程风险。

一、配送计划

（1）企业应编制以下配送计划：

1）紧急配送计划；

2）一般配送计划。

（2）企业制订配送计划应综合考虑以下因素：

1）紧急配送的时效性；

2）一般配送的效益和经济性；

3）配送不及时风险；

4）第三方承运商配送能力。

二、配送实施

（1）企业配送实施包括以下方式：

1）补仓配送；

2）储备物资配送。

（2）物资配送应综合考虑以下因素：

1）非紧急状态下配送方式效益性、效率性；

2）紧急情况下，各级仓库均可向抢修、抢险现场实施配送；

3）紧急配送过程信息及时传递；

4）紧急配送时限的合理性；

5）紧急配送情况下第三方物流承运商的响应能力；

6）及时响应上级部门下达的紧急调拨配送指令。

（3）物资一般配送应关注以下因素：

1）配送需求统筹安排；

2）效益优先兼顾效率；

3）跨单位调拨配送的时效性和经济性。

（4）企业应对配送方式进行统计分析，优化配送实施，管控配送过程风险，降低配送成本。

三、抢修物资领用配送管理

（1）品控业务可提前进行，也可响应结束后开展品控工作。

（2）抢修物资发生领用及配送时，需关注以下：

1）抢修响应期间，可先领用物资后，再完备手续；

2）缩短抢修物资配送时限；

3）优先调用本单位的专项储备抢修物资、周转物资；

4）上级部门组织跨区域抢修物资调配。

（3）企业应对抢修物资保障情况进行评估和回顾，分析抢修物资保障管理出现的缺失。

（4）企业制订相应措施提高抢物资的保障能力，提升抢修项目管理服务水平。

四、第三方物流服务商管理

（1）企业应规范管理第三方物流服务商，评估第三方物流承运商在应急情况下的响应能力和服务水平，管控第三方物流服务商采购中的风险。

（2）企业应对运输道路及货物情况进行分析，重点关注配送过程中的大件运输风险。

（3）企业应建立第三方承运商数据库，实现第三方承运商信息的资源共享。

（4）企业应每年对第三方承运商进行履约评价，评价结果作为下个周期的评标参考之一。

【案例分析】

❖**案例**：某县因台风导致电杆倒塌，电线断损，应急抢修急需电杆、线材及配套金具一批。县供电局紧急向区域仓申请应急物资。申请当天下午所需应急物资配送到抢修现场，确保了抢险救灾任务的圆满完成。问题分析：紧急配送在规定的时限内完成，在应急抢险中发挥生力军作用。

第九章　逆 向 物 流 管 理

第一节　逆向物流风险管理概要

【目的】对闲置物资、报废物资和危险废物管理环节风险进行评估，管控逆向物流过程中出现的风险，提高逆向物资的再利用率，规范处置流程。

一、逆向物流风险识别

（1）企业应确定逆向物流管理环节风险识别的方法，系统分析管理体系中存在的问题，识别逆向物流管理环节风险因素。

（2）开展逆向物流管理环节风险识别应考虑以下对象：

1）资产退役管理；

2）逆向物资鉴定管理；

3）逆向物资回收、入库、出库管理；

4）闲置物资管理；

5）报废物资管理；

6）危险废物管理；

7）评估机构管理；

8）拍卖机构管理；

9）买受人、回收商管理；

10）廉洁的要求。

（3）企业应对逆向物流管理环节风险信息化监测进行研究，动态识别采购管理中的危害因素。

二、逆向物流风险评估

（1）企业应确定逆向物流管理环节风险评估方法，针对逆向物流、闲置物资、报废物资等管理进行风险评估。

（2）逆向物流管理环节风险评估时应重点关注以下内容：

1）逆向物资全面、足额回收；

2）逆向物资鉴定的准确性；

3）报废物资评估的合理性；

4）闲置物资的再利用；

5）报废物资处置的合规性；

6）危险废物处置的合法性；

7）逆向物资账实相符；

8）逆向物资处理过程中的廉洁风险。

（3）当企业出现下列情况时，应进行基于问题的逆向物流风险评估，并基于风险评估结果动态更新供应链风险数据库。

1）逆向物流管理的最新法律法规、制度要求；

2）逆向物流管理事故/事件；

3）逆向物流管理流程的变化；

4）信息系统的变化；

5）逆向物流管控的变化；

6）廉洁事件。

（4）逆向物流管理环节风险评估结果应为本业务各流程优化、制度修编、供应链其他业务管理提供依据。

（5）逆向物流管理环节风险评估结果至供应链各业务环节及各相关方，以落实整改措施；涉及廉洁从业、依法履职、秉公用权等问题，应移交至纪检（监察）机构。

三、逆向物流管理环节风险管控措施与方法

（1）企业应通过风险评估确定风险类别、风险等级和相应的风险管控措施。管控措施的确定应考虑以下因素：

1）逆向物资鉴定的及时性和准确性；

2）项目物资需求计划的准确性；

3）闲置物资在项目初设及需求计划申报阶段再利用；

4）逆向物资的性能、使用年限、再利用效益；

5）逆向物资的入库和存放；

6）报废物资的评估备案；

7）拍卖中介机构、买受人及回收商的选择方式；

8）逆向物资的出库及处置；

9）报废物资的账务处理；

10）危害废物回收、运输、处置与环保部门的要求；

11）危险废物的存储必须符合危化品的存放要求，必要时委托有资质的第三方进行管理。

（2）企业应定期或风险发生变化时对风险管控措施进行回顾，必要时进行调整。

（3）企业应根据逆向物流风险管控措施确定逆向物流管理过程中的各类风险具体管控方法。

（4）企业应制订标准的逆向物流管理业务指导文件，文件应经过审核和批准。

四、逆向物流管理环节风险管控效果监测与回顾

（1）企业应对逆向物流管理环节风险管控的效果进行监测、评估，及时修正、完善风险控制措施。

（2）企业应对逆向物流管理环节风险管控模式及其运作过程、风险控制

措施的制订和执行进行回顾，对存在的不足进行改进。

五、逆向物流管理廉洁风险管控

（1）逆向物流管理中的廉洁风险应关注以下因素：

1）项目管理部门未足额回收报废物资；

2）物资部门未按照清册接收报废物资；

3）回收的报废物资未建立台账；

4）未按规范处置逆向物资，造成资产流失；

5）满足买受人和危害废物回收商的不合理要求；

6）私自处理报废物资、处理报废款未纳入企业财务管理；

7）相关过程监督实施是否到位。

（2）组织业务人员的廉洁教育培训、培养廉洁意识。

第二节　逆向物资回收

【目的】规范逆向物资回收管理，确保及时足额回收，鉴定可靠、处置合规，防范资产流失风险。

一、退役计划管理

（1）工程项目可行性研究应关注预计拆除设备，应考虑下列因素：

1）预计拆除设备类型及数量；

2）拆除设备预计回收情况；

3）拆除设备的后续利用计划；

4）拆除报废设备损失情况。

（2）企业应制订物资（资产）退役计划，退役物资（物资）报废预算并纳入年度投资计划。

（3）企业应将退役资产、逆向物资报废预算纳入全面预算管理。

二、鉴定管理

（1）企业应建立逆向物资鉴定流程、制度，明确鉴定的标准、方法和要求。

（2）企业应分级成立逆向物资鉴定小组。

（3）企业逆向物资鉴定的范围如下：

1）退役物资（资产）；

2）工程余料；

3）工程结余物；

4）达到轮换年限的储备物资；

5）库存闲置物资。

（4）企业在鉴定报废物资时应充分考虑以下因素：

1）经鉴定不能修复或虽然能修复但费用过高；

2）继续使用将会引发事故，无法修复；

3）严重污染环境，无法修复；

4）因技术落后等原因丧失使用价值和转让价值；

5）淘汰产品；

6）国家规定强制淘汰报废；

7）存在严重质量问题；

8）进口设备不能国产化，无零配件供应，无法修复和使用；

9）遭受自然灾害或突发意外事故毁损，无法修复；

10）因市政规划或电网规划要求，需拆除且无法继续利用；

11）无形资产超过了法定期限。

（5）经鉴定为可再利用的逆向物资，应分为直接可用物资和修复后可用物资。

三、逆向物资回收

（1）企业应明确各类逆向物资管理部门。逆向物资包括退役物资（含资产）、工程结余物资、工程余料、达到轮换年限的储备物资等。

（2）各类逆向物资管理部门应采取措施，确保全面、足额、及时回收逆向物资。在逆向物资回收过程中若实物与清单存在差异，应说明差异原因，防范财产及廉洁风险。

四、逆向物资入库

（1）企业在逆向物资移交时应明确移交双方的回收、保管职责。

（2）报废物资入库时，应关注以下方面：

1）完成报废审批手续、明确其入库价值；

2）限时办结入库；

3）交双方共同核对实际数量和质量；

4）移交相关资料。

（3）闲置物资入库时，应关注以下方面：

1）应提供资产卡片编号及投运时间等资料；

2）明确入库价值；

3）移交相关资料。

【案例分析】

❖**案例 1**：2016 年 8 月，某单位"某配线改造工程"退库未使用的分线盒 1356 个（11.65 万元）。2017 年 10 月，以技术淘汰为由将该批物资作报废处置。但与此同时，该单位未加强清仓查库并积极利用库存分线盒，在 2017—2018 年 139 个新建配线工程均有同类型物资需求，新采购同类型物资 6109 个。问题分析：因逆向物资鉴定未严格执行相关标准导致损失。

❖**案例 2**：某单位 2016 年某市政工程升级工程未全面、足额回收逆向物资，存在 473.94 万元结余物资未退库，部分物资已毁损，涉及金额 197.62 万元。问题分析：因施工单位未足额回收导致损失。

❖**案例 3**：某单位某大型施工工程于 2014 年 4 月 20 日开工，2018 年 3 月竣工投产，2018 年 5 月 18 日完成工程结算，应退结余物资 46.78 万元，截至 2019 年 7 月 26 日，该批物资仍未办理退库入库。问题分析：未在要求的时间内办理入库。

第三节　闲 置 物 资 管 理

【目的】规范闲置物资再利用，管控物资长期闲置风险，杜绝浪费。

一、闲置物资信息发布

（1）企业应建立库存闲置物资共享平台，规避信息不通畅，加大闲置物资多级利库和共享调剂力度。

（2）企业应定期发布库存闲置物资情况及指标情况，并做变化趋势分析。

二、闲置物资再利用

（1）企业应按照"内部消化为主、统筹调剂为辅"的原则组织开展闲置物资再利用。

（2）闲置物资源头控制需综合考虑以下因素：

1）在工程项目初设阶段优先考虑库存闲置物资；

2）在物资需求计划申报阶段提高需求准确率；

3）在工程项目结算阶段控制实物退库；

4）工程施工进度与物资供应相匹配。

（3）闲置物资作为项目物资再利用需考虑以下因素：

1）明确使用方向；

2）通用性、替代等手段；

3）储备物资达到轮换年限后，组织再利用。

（4）闲置物资作为储备物资再利用需考虑以下因素：

1）满足储备方案及品类优化的要求；

2）满足储备物资周转率的要求。

（5）在物资需求计划申报阶段组织开展闲置物资再利用。

【案例分析】

❖**案例 1**：某单位某项目结余物资 103.63 万元退库后，长期未开展利库，存放在仓库中，形成财产损失。问题分析：未按要求开展闲置物资再利用。

❖**案例 2**：某单位 2012 年采购的一批管缆物资 68.18 万元，从 2015 年 12 月至今，多次从闲置物资、储备物资中往复调拨，但实际仍未利库使用，涉及金额 68.18 万元。问题分析：为完成指标考核虚假领用。

第四节 报 废 物 资 管 理

【目的】规范报废物资及危险废物处置，管控环境污染和资产流失风险。

一、报废物资处置计划

（1）企业应加强在库报废物资管理，入库后进行分类保管，分区存放，做到账实相符。

（2）企业应制订并发布年度报废物资处置计划。

二、资产评估备案

（1）企业在报废物资处置前应通过报废物资评估备案。

（2）报废物资评估备案应考虑以下因素：

1）选择具备资质的专业评估机构；

2）评估备案须经过审批。

（3）评估价作为确定处置底价的参考依据。

三、报废物资处置

（1）企业应明确报废物资的处置主体。

（2）企业应确定报废物资的处置方式，选择满足资质要求的中介机构与买受人。

（3）企业应优先采用省级集中批次处置模式。

（4）报废物资库存应周期性清零。

（5）企业应建立信息平台，推行报废物资网上竞价，开设绿色回收专区，提升处置收益。

（6）报废物资出库应关注以下内容：

1）采用"先收款，后出库"方式；

2）移交双方确认并做好监督；

3）按合同要求及时出库。

（7）报废物资账务处理应关注以下内容：

1）报废物资处置原始凭据；

2）处置款项及时缴纳财务部门；

3）回收、鉴定、运输、装卸等报废物资管理费用纳入企业年度预算。

四、危险废物管理

（1）企业应根据环保部门的规定确定危险废物清单，定期更新。

（2）采购危险化学品时，应要求供应商提供材料安全数据清单（material safety data sheet，MSDS）。

（3）企业应根据年度退役计划做好本单位危险废物回收处置工作预案。

（4）危险废物存放管理需关注以下内容：

1）移交危害物相关资料；

2）产生方负责归集，物资仓库原则不设立专门的危险品仓；

3）危险废物产生方应对临时危险废物存放点制订相应的安全保障措施并满足环保部门的要求；

4）建立危险废物管理档案及台账。

（5）危险废物处置需关注以下内容：

1）委托具备相应资质的回收商现场回收处置；

2）危险废物应"即拆除、即报废、即处置"，管控危害物处置风险；

3）常见危险废弃物管理负面清单（见表 9-1）。

表 9-1　　　　　　　　　　常见危险废弃物管理负面清单

序号	常见危险废弃物管理负面清单
1	贮存不规范露天堆放、危险废弃物和固体废弃物混合随意堆放等未按照规定设置识别标识，危险废弃物贮存地及包装无清楚、正确的标识
2	未按照规定制订危险废弃物管理计划或者申报危险废弃物有关资料，没有建立清晰、详细的危险废弃物台账
3	未按照规定填写危险废弃物转移联单或者未经批准擅自转移危险废弃物
4	未按时完成危险废弃物动态管理相关信息的申报和执行联单制度
5	非法转移、非法排放、非法处置危险废弃物
6	在运输过程中沿途丢弃、遗撒危险废弃物
7	无危险废弃物处置资质的单位非法收集、运输、贮存、利用、处置、倾倒危险废弃物
8	私设暗管或利用渗井、渗坑、裂隙、溶洞等排放、倾倒、处置危险废弃物等
9	未经许可，擅自新增、改建、扩建处理处置设施
10	未制订危险废弃物意外事故防范措施和应急预案，并组织开展应急演练

（6）组织危险废物管理培训，提高危险废物回收处置风险意识，培训的内容如下：

1）国家相关法律法规和有关规范性文件；

2）危险废物管理制度；

3）工作流程；

4）应急预案。

【案例分析】

❖案例 1：截至 2019 年 7 月，某单位库存待处理报废物资账面价值 1641.53 万元，其中 2017 年完成鉴定的物资 214.69 万元，2018 年完成鉴定的物资 1324.97 万元。部分拟报废物资从鉴定为报废至 2019 年 7 月已达两年半，但仍处于财务审核阶段。问题分析：未完成评估备案，不能处置报废物资，未实现报废物资周期性清零。

❖**案例2**：某单位2017年12月与某环保科技有限公司危废处理合同，合同履约期限为1年。但2017—2018年该单位产生的废铅酸蓄电池共2340只未及时回收处理。问题分析：未及时回收危险废物。

❖**案例3**：2018年1月—2019年4月，某单位共产生废铅酸蓄电池1785只，但鉴定表的鉴定时间均集中在2019年3—4月，晚于废铅酸蓄电池产生时间，故废铅酸蓄电池存在先拆除后实施报废鉴定的情况。问题分析：不满足危险废物"即拆除、即报废、即处置"的要求，有造成环境污染风险。

❖**案例4**：某单位存在未定期按危险废物回收处置实施细则对相关人员进行培训。问题分析：危险废物产生部门未定期对相关人员开展培训，增强相关工作人员法律意识及安全意识。

第十章 应 急 管 理

第一节 供应链应急事件

【目的】识别供应链潜在的物资断供应急事件或紧急情况,提高预防和处置突发事件能力。

一、突发事件识别

(1)企业应依据供应链风险评估结果,认定潜在的突发事件。认定时应考虑以下因素:

1)以往发生的供应链保供应事故/事件和紧急状况;

2)地质和气象因素影响;

3)用电客户投诉影响;

4)供电可靠性影响;

5)预防及紧急响应时的相关方。

(2)供应链安全生产或设备突发事件参照安全风险体系管理要求执行。

(3)供应链断供应急突发事件应经过供应链应急组织机构确认。

(4)企业至少应识别下列环节可能发生且需要应急管理的供应链物资断供突发事件:

1)需求计划环节;

2)采购环节;

3)履约品控环节;

4)储备管理环节;

5）仓储配送环节。

二、需求计划环节断供风险

企业应在物资需求计划环节对可能导致的供应链物资断供事件开展风险评估，应考虑以下因素：

（1）需求预测/计划组织滞后。

（2）需求预测过低。

（3）需求计划漏报、错报。

（4）框架招标需求分配额度不足。

（5）框架招标需求分配未考虑供应商实际产能。

（6）框架招标断档。

三、采购环节断供风险

企业应在物资采购环节对可能导致的供应链物资断供事件开展风险评估，应考虑以下因素：

（1）采购组织工作滞后。

（2）采购方式选择不合适。

（3）采购方案、采购文件与实际需求不一致。

（4）招标失败。

（5）招标文件与合同条款不符。

（6）投标人投诉。

（7）采购周期过长。

四、储备管理环节断供风险

企业应在储备管理环节对可能导致的供应链物资断供事件开展风险评估，应考虑以下因素：

（1）储备物资品类未覆盖。

（2）储备定额不足。

（3）储备安全库存低于实际需求。

（4）库存物资保管保养不善。

（5）库存物资账实不符，如仓库火灾等原因物资损毁。

（6）出入库不及时。

（7）补货不及时。

（8）项目管理部门领用计划不准确。

五、配送环节断供风险

企业应在配送环节对可能导致的供应链物资断供事件开展风险评估，应考虑以下因素：

（1）配送过程交通事故。

（2）外部环境影响，如天气恶劣。

（3）调配组织滞后。

（4）第三方物流应急配送能力不足。

【案例分析】

❖**案例**：某单位2017—2019年未严格按照应急预案开展物资领域应急培训和应急演练，未采取措施有效提高风险预防和处置突发事件能力。问题分析：未按应急预案要求开展应急培训和应急演练，风险防范常态长效机制落实不到位。

第二节 供应链应急管理

【目的】对供应链物资断供事件开展应急管理，提高预防和处置物资断供事件能力，减少与之相关的损失和影响。

一、供应链应急组织机构与人员

（1）企业应分级建立供应链应急组织机构。

（2）企业应明确各级供应链应急组织机构的职责，确保各机构及队伍运作协调，工作快速、有序、高效。

（3）企业应认定紧急情况下可提供援助的外部机构名单及有效联系方式。

（4）企业应分层建立供应链服务调配管理机构，统一资源配置与共享，强化供应链服务调配业务运营管控，打造供应链控制塔，发挥运营分析、监控预警、物资调度、应急指挥、智能辅助决策作用。（问题分析：供应链控制塔是随着数字化商业的发展提出的一个意在解决传统供应链中低预测精度和低协同能力的供应链方案。灵感源自机场的航班控制指挥中心。自 2011 年以来，著名的咨询公司如埃森哲和 Gartner（高德纳咨询公司）都提出了相关概念和解决方案。随着供应链控制塔的不断演进，它经历了从 1.0 到 3.0 的三个阶段，如今已进入 4.0 时代，融入了人工智能技术，实现了自主认知控制分析，为企业带来了高效、高透明度和低成本的供应链管理效果。）

（5）企业应建立统一信息平台，开展供应链运营数据收集、整理、分析、决策工作，实现数据统一管理、信息联动、智能决策。

二、物资断供应急预案

（1）企业应对认定的供应链断供突发事件制订应急预案并明确职责。

（2）供应链断供应急预案应涵盖下列内容：

1）供应链断供风险等级；

2）应急资源准备；

3）应急组织和人员职责；

4）库存物资利库；

5）跨区域应急物资调拨；

6）应急物资采购；

7）应急物资配送；

8）外部的联系和支援；

9）应急项目立项及系统手续完善；

10）应急培训与演练周期。

（3）应急预案内容应简单、明了，符合实际，操作性强。

（4）编制预案时，应评估应急过程风险，并在应急响应中融入风险控制措施。

（5）企业应按规定对应急预案组织评审、正式发布及报备。

三、应急培训与演练

（1）企业应根据应急预案对员工开展培训，使其掌握应急预案的内容、程序与响应要求。

（2）企业应依据实际情况，确定不同的演练方式，选择适量的预案进行演练，检验和完善预案，确保应急预案的有效性。

（3）组织演练应考虑以下因素：

1）确定演练目的、时间和演练范围；

2）编写演练方案；

3）演练过程的风险、可能的意外及控制措施；

4）应急技术的应用；

5）确定现场演练规则；

6）指定演练效果评价人员；

7）安排相关的后勤工作；

8）编写书面报告；

9）演习人员自我评估；

10）针对不足及时制订改进措施并确保措施的实施。

四、应急预警与响应

（1）企业应建立紧急状态的预警与响应机制，根据可能发生供应链断供事故/事件的后果，分层级启动应急预案。

（2）企业应与相关方建立应急联动机制，充分获取应急信息与资源，必要时联动处置突发事件。

（3）企业应按规定的时间、程序、方式和内容向上级报送信息，并以适当的方式及时向相关方发布信息。

（4）应急响应小组应依据应急预案的要求履行职责，根据实际情况立即制订应急处置措施。

五、应急回顾

（1）企业应在演练后对预案进行回顾，必要时更新、增加预案或废除不必要的预案。

（2）企业应针对实际发生供应链事故/事件的应急处置情况，对应急准备、组织、响应及应急预案进行回顾。

（3）企业应每年对应急管理各个环节进行回顾总结，综合评估应急能力，对不足之处进行改进。重点关注以下内容：

1）突发事件识别的充分性；

2）应急预案的适应性、可操作性；

3）应急物资配置与实际应急活动的匹配度；

4）培训、演练与应急响应的有效性。

【案例分析】

❖案例1：某单位市郊库区02待领用出库的库存管道管材共计31.628km，金额共计42.86万元，实际该管道管材已使用至应急项目。问题分析：未按公司相关应急项目领用规定办理出库、账实不符。

❖案例2：某单位库存的泵机共计90台，实际该批泵机已使用至应急项目。问题分析：未按相关应急项目领用规定办理出库、账实不符。

第三篇

供应链风险回顾机制

第十一章　供应链风险检查

第一节　业　务　检　查

【目的】建立业务自我检查机制，识别可能导致损失的流程与条件，控制与之相关的风险。

一、检查的组织与策划

（1）企业应建立检查机制，识别可能导致合规、廉洁、交付、财产、作业风险的行为和条件，检查分为例行检查和特殊检查。

（2）例行检查对象如下：

1）法律法规的依从性；

2）作业环境；

3）流程的合规性；

4）廉洁的要求。

（3）特殊检查对象如下：

1）基于重大风险或问题开展同类业务、环境和作业的检查；

2）针对特殊时期、重要项目或特定要求组织开展的专项检查。

（4）企业在组织开展检查时，应建立检查表单，实施表单化检查，检查表单应明确以下内容：

1）检查范围与对象；

2）检查项目与标准；

3）检查方法与工具；

4）检查时间与频率；

5）执行检查的人员；

6）检查的记录要求。

（5）企业应基于风险、管理业务特点，针对检查对象，系统设计检查类型与项目，实施差异化检查。

二、检查的实施

（1）执行检查的人员应具备相应的能力与专业知识，熟悉检查内容，掌握检查的方法与技巧。

（2）各级供应链业务机构管理人员应依据所管辖区域的体系运转情况，确定检查的关注要点，定期实施检查。

1）实施职责范围内的检查；

2）对重大不安全因素、流程应立即采取纠正行动；

3）提出有意义的建议/意见；

4）计划性开展任务观察，以了解员工的工作习惯和风险意识；检验工作标准与作业文件的全面性和可操作性；跟踪员工的培训效果；收集员工的培训需求和合理化建议。

（3）企业在进行法律法规依从性检查时应重点关注以下内容：

1）人员是否满足法定的资质要求；

2）业务流程节点是否满足合规的要求；

3）岗位人员不相容性的要求；

4）廉洁要求。

（4）企业相关人员应对业务流程、作业环境、特种设备、机动车辆、爬梯及货架等实施定期检查。

（5）企业检查结束后，应对检查结果进行统计，对发现的问题及新增的风险从制度标准、执行、依从、外部条件等方面分析根本原因，制订改进或控制措施，并与相关方进行有效的信息传递，纳入纠正与预防系统进行管理。

三、检查的回顾与改进

企业应每年或变化发生时对检查管理进行回顾，并针对存在的问题进行改进。重点回顾的内容如下：

（1）检查内容的全面性、充分性和针对性；

（2）检查人员能力；

（3）检查与改进效果。

第二节　业　务　监　督

【目的】建立融入业务、全面覆盖、多种手段、协同联动、有效执行的供应链监督体系，识别和管控供应链各类风险，实现事前防范、事中控制、事后反思的全周期管理，保障供应链业务的合规、高效。

一、监督体系的建立

（1）企业应建立供应链监督体系，识别和纠正潜在的各类风险，管控关键环节，调查分析违规事件，评价管理效果。

（2）供应链监督工作包括合规监督和效能监督，要求如下：

1）企业应依法依规开展供应链全业务合规性监督，检查国家法律法规、行业标准、企业管理制度、作业标准等执行的规范性情况；

2）企业应围绕企业经营管理目标，对供应链全业务产生的效益、效果、效率及其管控能力等开展效能监督，提出建议，督促改进。

（3）供应链监督方式分为常态化监督、专项监督和飞行监督。

（4）常态化监督应包括以下内容：

1）年度监督检查；

2）日常工作监督；

3）重要供应工作检查。

（5）专项监督应包括对巡视、巡察、审计及供应链业务监督等发现的重点、难点、突发问题和业务管理薄弱环节，有针对性地组织开展调查、分析研究工作。

（6）飞行监督应采用现场监督为主，定期或不定期选取某一区域、单位、业务环节、潜在风险等，不发通知、不打招呼、直达现场开展监督工作。

（7）企业在组织开展监督工作时，应建立监督检查表单，实施表单化监督，监督表单应明确以下内容：

1）监督检查范围与对象；

2）监督检查项目与标准；

3）监督检查方法与工具；

4）监督检查的时间；

5）监督检查的人员；

6）监督检查的记录要求。

（8）企业应基于风险、管理业务特点，针对监督对象，系统设计监督类型与项目，实施差异化监督。

二、监督体系的运行

（1）执行监督的人员应具备相应的能力与专业知识，熟悉监督内容，掌握监督的方法与技巧。

（2）企业应以风险为导向、问题为导向，对供应链业务潜在风险进行全面识别和评估，明确年度监督重点，确定监督计划，实行分级实施、统一发布、统一管理。

（3）企业可结合供应链风险变化，对特定专题开展紧急监督，并制订紧急监督计划。

（4）企业应结合供应链业务流程，以风险为导向，通过自查自纠、交叉监督等方式，对企业供应链全领域开展监督检查。监督检查的方法如下：

1）听取汇报；

2）查阅资料；

3）现场检查/监督；

4）询问了解；

5）方案前置审查；

6）后评价；

7）抽样核实；

8）远程监督；

9）事件评估分析。

（5）企业在进行供应链全业务监督时，应根据业务情况，对重点领域、环节开展监督，关注点包括但不限于：

1）采购策略、方案审查；

2）评标现场监督；

3）采购成果后评价；

4）电子商城采购管理；

5）专家履职情况；

6）重要供应环节管理；

7）逆向物流管理；

8）危废处置。

（6）企业应结合供应链业务流程及特点，借助一定的技术手段进行在线监督，包括但不限于：

1）运用评标监控室开展评标现场日常监督工作；

2）运用物资运营监控系统平台开展物资运营风险监控；

3）运用其他信息平台开展供应链业务风险的联动监测监控；

4）建设数字监督体系，依托大数据、人工智能等技术，设置监控探针实现风险防控规则嵌入供应链业务流程，推动供应链业务等关键业务智能监控。

（7）企业对供应链监督发现的问题应遵循"四不放过"原则，做到事实清楚、证据确凿、手续完备、程序合法、定性准确、处置恰当。同时从制度标准、执行、依从、外部条件等方面分析根本原因，制订改进措施，并与相关方进行有效的信息传递，纳入纠正与预防系统进行管理。

（8）供应链各专业管理主体负责管理和监督本业务领域的工作，履行本业务领域的责任追究职责。

（9）供应链监督管理主体负责监督风险体系运作情况，履行供应链管理的责任追究职责。责任追究方式如下：

1）内部问责：按照"抓早抓小"原则，上级业务部门对下级业务部门的问题应及时启动问责，通过通知单警告有关单位或人员，达到一定次数后即启动问责措施；

2）外部问责：供应链管理部门被巡视审计等外部监督检查发现问题的，应逐层排查监督措施落实情况、业务管控到位情况，一经确认即启动问责措施；

3）问责措施：根据问题大小以及影响程度，以批评教育、责令整改、约谈提醒、公开通报、扣减绩效等形式开展责任追究；

4）问责力度：对于自查发现的问题免于或从轻问责，对于巡视、审计发现的问题，给予从重处理。

三、事故/事件事后调查

（1）企业应有标准，明确供应链服务事故/事件报告的程序。应报告的事故/事件如下：

1）违法案件；

2）违纪案件；

3）违规事故/事件；

4）断供事故/事件；

5）作业安全事故/事件；

6）环境污染；

7）相关方投诉；

8）未遂事故/事件；

9）供应商及外部异常事件。

（2）报告程序应明确事故/事件定义、类别、等级，报告的对象、时间、方式及应采取的响应程序。

（3）企业应有标准明确供应链服务事故/事件调查的程序，程序包括以下要点：

1）事故/事件的类型；

2）调查机构/人员；

3）调查内容；

4）调查时间要求；

5）调查所需的资源；

6）调查要求；

7）证据资料的收集整理。

（4）事故/事件调查应满足以下要求：

1）查明事故/事件经过；

2）查明直接原因、间接原因、管理原因；

3）分析事故/事件再次发生的可能性，提出补救和防范措施或建议；

4）事故/事件相关人员的签署确认。

（5）员工或风险管理员应参与事故/事件的调查，如涉及专业知识，调查组中应有相应的专家。

（6）企业应建立事故/事件数据库，每年对事故/事件指标进行统计分析，并将分析结果应用于风险评估与控制、绩效评价、管理评审、体系改进等。

（7）企业应明确事故/事件信息的沟通方式、渠道、时间、对象。沟通可采取以下方式进行：

1）事故/事件通报；

2）事故/事件分析报告；

3）工作总结报告；

4）网络媒体交流。

（8）企业应每年对事故/事件管理各个环节进行回顾，对不足之处进行改进。重点回顾以下内容：

1）已发生的事故/事件原因及防范措施；

2）事故/事件报告及调查机制的有效性；

3）事故/事件原因分析的充分性；

4）事故/事件改进措施的有效性；

5）事故/事件信息沟通的有效性。

四、监督管理评价

（1）企业应建立供应链监督评价机制，每年对下列工作进行综合评价：

1）监督体系建立、执行情况；

2）监督、检查发现问题的整改闭环情况；

3）重点工作完成情况；

4）目标完成情况。

（2）供应链监督评价应加强数字化技术运用、大监督成果运用，通过线上与线下结合，常态化监督与专项监督结合，业务内监督与业务外检查结合，定性与定量结合，对体系全周期运行情况进行监测，评价体系运行效果。

（3）供应链监督评价结果可以运用于被评价单位组织绩效。

五、回顾与改进

企业应每年或变化发生时对监督管理进行回顾，并针对存在的问题进行改进。重点回顾的内容如下：

（1）监督内容的全面性、充分性和针对性。

（2）监督管理手段的适宜性。

（3）监督人员能力。

（4）监督与改进效果。

第三节　管　理　评　审

【目的】建立体系自我完善机制，持续提升企业供应链风险管理体系的充分性、适宜性和有效性。

一、管理评审要求

（1）企业供应链的最高管理者每年应组织开展管理评审，回顾整个企业供应链风险管理体系建立和运转状况，识别不足和需要改进的地方。

（2）企业应设计评价指标，明确评价方式，以体系建设评价、风险控制活动评价、风险控制效果评价为主要内容，建立风险全周期管理评价机制，促进风险管理水平持续提升。

（3）管理评审应满足下列要求：

1）必须由高级管理层组织实施；

2）基于能真实反映企业供应链管理的有效信息进行；

3）充分评审现有信息，决定解决问题所需的纠正措施及资源保障。

二、管理评审的输入

评审前，企业应组织相关人员依据下列信息进行综合分析，提出管理系统的改进机会和措施：

（1）工作检查与供应链监督发现的问题。

（2）巡视、巡察、审计等外部检查与监督发现的问题。

（3）用户及供应商反馈的信息。

（4）过程管控情况。

（5）以前管理评审的跟踪行动。

（6）改进建议。

（7）影响供应链服务的变化。

（8）纠正与预防措施的效力。

（9）事故/事件统计分析结果。

（10）员工抱怨。

（11）奖惩情况。

（12）预定的目标、指标和绩效。

（13）系统有效性与依从性的评估结果。

（14）供应链方针的适宜性。

（15）体系覆盖的充分性。

（16）实施体系的资源保障情况。

（17）人员任务和职责的合理性。

（18）廉洁风险管控的有效性。

三、管理评审的输出

企业供应链管理评审应完成以下工作任务：

（1）检讨绩效的目标与指标。

（2）评估企业结构与资源的适宜性，优化资源配置。

（3）识别当前的重大风险并制订风险管控计划。

（4）确定管理机制、制度标准、执行能力、技术方法等管理系统方面存在的改进机会和措施。

四、管理评审的沟通与回顾

（1）管理评审结果需文件化，制订的行动计划应与责任人、相关人员及相关方沟通。

（2）企业应每年对管理评审的各个管理环节进行回顾，并对存在的问题进行改进。

第十二章　供应链风险纠正与预防

第一节　纠　正　与　预　防

【目的】建立统一的纠正与预防系统，开展事故/事件调查，制订纠正与预防措施。

一、纠正与预防系统的建立

企业应建立纠正与预防行动的控制系统。系统应对下列过程/活动出现的问题提出所需的纠正与预防行动并跟踪落实：

（1）风险分析会议。

（2）检查发现。

（3）供应链监督。

（4）外部检查与监督。

（5）员工提出的意见和关心的问题。

（6）培训评估。

（7）流程变化。

（8）事故/事件调查。

（9）管理评审。

（10）风险评估。

（11）流程运转。

（12）制度、标准回顾。

（13）用户与供应商的投诉。

二、纠正与预防措施的落实

（1）纠正与预防措施应针对问题的根本原因来制订。

（2）根据轻重缓急对供应链服务问题制订行动计划。

（3）按计划执行纠正与预防行动。

（4）定期回顾纠正与预防措施的执行情况。

1）责任人应定期与管理者沟通纠正与预防措施的执行情况；

2）责任人应定期与相关方或风险管理员沟通纠正与预防措施的落实情况。

三、纠正与预防效果评估

（1）企业应评估纠正与预防行动消除问题效果，评估有以下方法：

1）消除、降低风险的评价；

2）随机选择普遍关心的重大问题，对所实施的纠正与预防行动进行效果评价；

3）选择一个业务流程进行观察，检验纠正预防行动是否控制了问题的再次发生；

4）定期与各级风险管理员讨论并回顾采取的纠正与预防行动的执行效果，并持续改进。

（2）保存纠正与预防行动的记录。

第二节　回顾与改进

【目的】建立完善问题回顾及跟踪改进的机制，实现风险管控的闭环管理。

一、定期回顾

企业应每年对纠正与预防管理各个环节进行回顾总结。重点回顾的内容如下：

（1）纠正与预防系统的适宜性。

（2）信息输入的全面性和及时性。

（3）纠正与预防措施的针对性和实施的及时性、有效性。

二、持续改进

企业应每年对不足之处进行针对性改进，实现风险管控的闭环管理。纠正和预防工作的持续改进使企业能够不断提高绩效，并确保其长期成功。

主要措施如下：

（1）收集并分析实施纠正措施后的数据，评估其有效性。

（2）定期召开会议，以讨论纠正措施的效果和改进的机会。

（3）根据评估结果调整纠正措施并持续改进。

附录 A　供应链风险体系手册文件表单

××公司供应链风险体系文件清单（模板）见附表 A.1。

附表 A.1　　　　××公司供应链风险体系文件清单（模板）

序号	编号/发布文号	法律法规与标准名称	发布单位	发布日期	生效日期	替代法律法规与标准名称	备注
1							
2							
3							
4							
5							
6							

××公司供应链基准风险库（模板）见附表 A.2。

附表 A.2　　　　　××公司供应链基准风险库（模板）

风险评估对象				风险识别			风险分析				风险评价	风险控制			备注
序号	一级业务	二级业务	业务事项	流程节点（选填）	危害	产生危害的岗位	产生危害的条件	风险种类	风险发生的可能性	后果严重程度	廉洁风险（三要素法）	交付、财产、作业、网络、合规风险（SEP）	风险等级	风险控制策略	风险控制措施	
								一级分类	一级分类			A B C	S E P			措施内容	措施分类	责任主体	
1																			
2																			
3																			

注　表中 A 代表存在公共利益与个人利益之间的冲突；B 代表存在自由裁量权；C 代表缺乏监督；
S 代表后果的严重程度；E 代表业务发生频率；P 代表因现有控制措施的有效性不足导致事
件发生的可能性。